Mosaik bei
GOLDMANN

Buch

In der jahrhundertalten chinesischen Astrologie werden der Charakter und das Schicksal eines Menschen durch das Tierkreiszeichen des Jahres bestimmt, in dem er geboren wurde. Dieses Buch ist der Schlüssel, mit dem jeder ganz leicht selbst herausfinden kann, welches Tier er ist, welche Tierkreiszeichen sich in Partnerschaft und Beruf gut ergänzen und was die nahe und ferne Zukunft für ihn bereithalten.

Autor

Georg Haddenbach ist freier Journalist und erfolgreicher Sachbuchautor mit den Spezialgebieten Traumdeutung und Astrologie.

Außerdem von Georg Haddenbach
bei Mosaik bei Goldmann

Die 12 Sternzeichen (16643)
Traumdeutung (16556)
Partnerschafts-Horoskop (16688)
Der Aszendent im Horoskop (16710)

Georg Haddenbach

Chinesisches Horoskop

Mosaik bei
GOLDMANN

Die Ratschläge in diesem Buch wurden von Autor und Verlag sorgfältig erwogen und geprüft, dennoch kann eine Garantie nicht übernommen werden. Eine Haftung des Autors bzw. des Verlags und seiner Beauftragten für Personen, Sach- und Vermögensschäden ist ausgeschlossen.

FSC
Mix
Produktgruppe aus vorbildlich bewirtschafteten Wäldern und anderen kontrollierten Herkünften

Zert.-Nr. SGS-COC-1940
www.fsc.org

Verlagsgruppe Random House FSC-DEU-0100
Das FSC-zertifizierte Papier *Munken Print* für Taschenbücher aus dem Goldmann Verlag liefert Arctic Paper Munkedals AB, Schweden.

2. Auflage
Vollständige Taschenbuchausgabe April 2005
Wilhelm Goldmann Verlag, München,
in der Verlagsgruppe Random House GmbH

Dort erschienen unter dem gleichnamigen Titel und der Nummer 5545
Umschlaggestaltung: Design Team München
unter der Verwendung eines Fotos von Photonica/Kato
Redaktion: Vera Baschlakow
Illustrationen: Peter Udo Pinzer, Eppstein
Satz: Uhl + Massopust, Aalen
Druck und Bindung: GGP Media GmbH, Pößneck
Schl · Herstellung: Stefan Hansen
Printed in Germany
ISBN-10: 3-442-16672-1
ISBN-13: 978-3-442-16672-5

www.goldmann-verlag.de

Inhalt

Kleine Einführung in die chinesische Astrologie

5000 Jahre alt ist die chinesische Astrologie, die Wahrsagekunst, die Charakter und Schicksal des Menschen nicht wie bei uns nach Monaten, sondern nach Mondjahren deutet, die freilich im Laufe der Zeit unseren Sonnenjahren angepasst wurden.

Zwölf Tierzeichen geben den Jahren ihren Namen. Nach der Legende soll Buddha eines Tages die Tiere zu sich gerufen haben, aber nur zwölf seien gleich zu ihm gekommen: zuerst die Ratte, dann Büffel, Tiger, Hase, Drache, Schlange, Pferd, Ziege, Affe, Hahn, Hund und zuletzt das Schwein.

Er habe jedem Tier ein Jahr geschenkt, dem es seinen Stempel aufdrücken durfte. Und so sei es zu dem zwölfjährigen Rhythmus in der chinesischen Astrologie gekommen.

Der französische Fabeldichter La Fontaine (1621–1695) umschrieb diese Legende so: »Je me sers d'animaux pour instruire les hommes« (»Ich bediene mich der Tiere, um die Menschen zu belehren«). Und er mag Recht damit haben: Es ist erstaunlich, wie viel charakterliche Bindung oft Menschen eines Geburtsjahrgangs haben. Warum sollte also nicht die These der chinesischen Astrologen auch richtig sein, dass alle zwölf Jahre ein ähnlicher Menschentyp geboren werde? Die Buddha-Legende von der Entstehung der zwölf Tierzeichen hört sich fantastisch an, doch kann ihr Wahrheitsgehalt aus der Geschichte der altchinesischen Astrologie nachgeprüft werden. Vor der Einpendelung auf die Zahl 12 gab es nämlich 27 Bilder des Mondtierkreises, die wiederum aus den

36 Bildern der Sternheerführer entstanden sind, denen nach Auffassung der altchinesischen Wahrsager je ein Tier zugeordnet war. Erst mit der Anpassung des Mondjahres – es beginnt zwischen Mitte Januar und Mitte Februar – an unser Sonnenjahr entwickelten sich aus den 27 Mondzeichen die zwölf Tierzeichen, von denen in diesem Buche die Rede ist.

So ganz einfach machen sich die chinesischen Astrologen die Berechnung der Horoskope natürlich nicht. Zwar beziehen sie die These von den guten und schlechten Jahren der einzelnen Menschentypen im chinesischen Tierkreis (siehe »Das immer währende chinesische Horoskop« am Ende dieses Buches) in ihre Berechnungen ein, doch haben sie auch noch genauere Deutungsfaktoren zur Hand. Da sind die fünf Elemente Wasser, Metall, Feuer, Holz und Erde, die in dieser Reihenfolge für die Planeten Merkur, Venus, Mars, Jupiter und Saturn stehen. Sie nehmen ebenso Einfluss auf das Schicksal des Individuums wie die zehn Himmelszeichen, die sich aus »Yang«, der Sonne, und »Yin«, dem Mond, aber auch aus der Betrachtung der Sternkonstellationen ergeben. Doppelwochen und Doppelstunden der Geburt ziehen den Kreis schließlich so eng, wie er sich bei der in westlichen Ländern gebräuchlichen Astrologie aus den Planetenstellungen und den Aszendenten zur Geburtsstunde ergibt.

Das alles können die chinesischen Sterndeuter und Wahrsager dicken Nachschlagewerken entnehmen. Den Leser dieses Buches mag es verwirren; deshalb stellten wir neben das gültige Charakterbild der in den einzelnen zwölf chinesischen Tierzeichen Geborenen als Einengung eine Kombination mit den bei uns üblichen Sternbildern vom Widder bis zu den Fischen. Man könnte dieses Bild noch mehr verfeinern, wenn man die im Chinesischen gebräuchliche Doppelstunde der Geburt hinzunähme. Nach Meinung der chinesischen Astrologen kommt es für den einzelnen Menschen darauf an, zu welcher Doppelstunde des Tages er geboren wurde. Diese Doppelstunden sind einem Tierbild zugeordnet.

Im Einzelnen sieht das dann so aus: Von 23 bis 0.59 Uhr herrscht die Ratte, von 1 bis 2.59 Uhr der Büffel, von 3 bis 4.59 Uhr der Tiger, von 5 bis 6.59 Uhr der Hase, von 7 bis 8.59 Uhr der Drache, von 9 bis 10.59 Uhr die Schlange, von 11 bis 12.59 das Pferd, von 13 bis 14.59 Uhr die Ziege, von 15 bis 16.59 Uhr der Affe, von 17 bis 18.59 Uhr der Hahn, von 19 bis 20.59 Uhr der Hund und schließlich von 21 bis 22.59 Uhr das Schwein.

Machen Sie doch einmal das kleine Spiel mit! Sie sind – angenommen – am 14.5.1979 um 11.42 Uhr morgens geboren. Dann kamen Sie nach dem chinesischen Horoskop im Jahr der Ziege zur Welt und haben die Charaktermerkmale, die im Kapitel »Die artige Ziege« nachzulesen sind. Nach der bei uns gebräuchlichen Astrologie sind Sie aber auch im Sternzeichen Stier geboren, haben also sicher auch Charaktermerkmale aus diesem Zeichen mitbekommen, was Sie im Kapitel über die Ziege ebenfalls erfahren können. Nun engen Sie das Charakterbild noch einmal auf Chinesisch ein: Die Doppelstunde Ihrer Geburt stand im Zeichen des Pferdes. Sie werden also auch einiges, wenn auch sehr oberflächlich, von den Merkmalen eines im Tierzeichen Pferd Geborenen an sich beobachten können. Und so komplettieren Sie gewissermaßen das Bild Ihrer Eigenschaften.

Ein Spiel nur? Die Chinesen haben dieses »Spiel« in 5000 Jahren zur Perfektion entwickelt. Ihre Wahrsagekunst ist im Laufe der Jahrhunderte mit wissenschaftlicher Akribie verbessert worden, sodass chinesische Astrologen heute anhand der umfangreichen Nachschlagewerke das Schicksal eines Menschen mit einer an Sicherheit grenzenden Wahrscheinlichkeit vorhersagen können, wobei sie – und damit kommen wir wieder zu unserem Buch – bei ihren Horoskopen als Generallinie für die einzelnen Tierzeichen auch das zurate ziehen, was wir im letzten Kapitel unter dem »immer währenden Horoskop« beschrieben haben.

Ob Sie es nun glauben oder nicht – es ist interessant und unterhaltsam, einen Überblick über die chinesische Astrologie zu bekommen. Und manch einer, der bisher skeptisch dieser Art von »Aberglauben« gegenüberstand, wird nach der Lektüre dieses Buches vielleicht doch zugeben, dass eine seltsame Übereinstimmung in den Charakteranlagen von Menschen gegeben ist, die unter einem gleichen, bestimmten Tierzeichen geboren wurden.

Dieses Buch will unterhalten, aber auch ein wenig nachdenklich machen. Mehr nicht, aber auch nicht weniger.

Was bin ich?

Chronologische Zusammenstellung der Geburtsjahre von 1912 bis 2008 zur Auffindung des eigenen Tierzeichens von der Ratte bis zum Schwein. Was also sind Sie, lieber Leser?

Ratte	18. 2. 1912	–	5. 2. 1913
Büffel	6. 2. 1913	–	25. 1. 1914
Tiger	26. 1. 1914	–	13. 2. 1915
Hase	14. 2. 1915	–	2. 2. 1916
Drache	3. 2. 1916	–	22. 1. 1917
Schlange	23. 1. 1917	–	10. 2. 1918
Pferd	11. 2. 1918	–	30. 1. 1919
Ziege	31. 1. 1919	–	18. 2. 1920
Affe	19. 2. 1920	–	7. 2. 1921
Hahn	8. 2. 1921	–	26. 1. 1922
Hund	27. 1. 1922	–	14. 2. 1923
Schwein	15. 2. 1923	–	4. 2. 1924
Ratte	5. 2. 1924	–	23. 1. 1925
Büffel	24. 1. 1925	–	11. 2. 1926
Tiger	12. 2. 1926	–	1. 2. 1927
Hase	2. 2. 1927	–	21. 1. 1928
Drache	22. 1. 1928	–	8. 2. 1929
Schlange	9. 2. 1929	–	28. 1. 1930
Pferd	29. 1. 1930	–	16. 2. 1931
Ziege	17. 2. 1931	–	5. 2. 1932

Affe	6. 2. 1932	–	24. 1. 1933
Hahn	25. 1. 1933	–	13. 2. 1934
Hund	14. 2. 1934	–	2. 2. 1935
Schwein	3. 2. 1935	–	23. 1. 1936
Ratte	24. 1. 1936	–	10. 2. 1937
Büffel	11. 2. 1937	–	30. 1. 1938
Tiger	31. 1. 1938	–	18. 2. 1939
Hase	19. 2. 1939	–	7. 2. 1940
Drache	8. 2. 1940	–	26. 1. 1941
Schlange	27. 1. 1941	–	14. 2. 1942
Pferd	15. 2. 1942	–	3. 2. 1943
Ziege	4. 2. 1943	–	24. 1. 1944
Affe	25. 1. 1944	–	11. 2. 1945
Hahn	12. 2. 1945	–	1. 2. 1946
Hund	2. 2. 1946	–	21. 1. 1947
Schwein	22. 1. 1947	–	9. 2. 1948
Ratte	10. 2. 1948	–	28. 1. 1949
Büffel	29. 1. 1949	–	15. 2. 1950
Tiger	16. 2. 1950	–	5. 2. 1951
Hase	6. 2. 1951	–	25. 1. 1952
Drache	26. 1. 1952	–	13. 2. 1953
Schlange	14. 2. 1953	–	2. 2. 1954
Pferd	3. 2. 1954	–	23. 1. 1955
Ziege	24. 1. 1955	–	10. 2. 1956
Affe	11. 2. 1956	–	29. 1. 1957
Hahn	30. 1. 1957	–	17. 2. 1958
Hund	18. 2. 1958	–	6. 2. 1959
Schwein	7. 2. 1959	–	27. 1. 1960

Ratte	28.1.1960	–	14.2.1961
Büffel	15.2.1961	–	4.2.1962
Tiger	5.2.1962	–	24.1.1963
Hase	25.1.1963	–	12.2.1964
Drache	13.2.1964	–	2.2.1965
Schlange	3.2.1965	–	20.1.1966
Pferd	21.1.1966	–	8.2.1967
Ziege	9.2.1967	–	28.1.1968
Affe	29.1.1968	–	15.2.1969
Hahn	16.2.1969	–	5.2.1970
Hund	6.2.1970	–	25.1.1971
Schwein	26.1.1971	–	14.2.1972
Ratte	15.2.1972	–	2.2.1973
Büffel	3.2.1973	–	22.1.1974
Tiger	23.1.1974	–	10.2.1975
Hase	11.2.1975	–	30.1.1976
Drache	31.1.1976	–	17.2.1977
Schlange	18.2.1977	–	6.2.1978
Pferd	7.2.1978	–	27.1.1979
Ziege	28.1.1979	–	15.2.1980
Affe	16.2.1980	–	3.2.1981
Hahn	4.2.1981	–	24.1.1982
Hund	25.1.1982	–	12.2.1983
Schwein	13.2.1983	–	31.1.1984
Ratte	1.2.1984	–	18.2.1985
Büffel	19.2.1985	–	8.2.1986
Tiger	9.2.1986	–	28.1.1987
Hase	29.1.1987	–	16.2.1988

Drache	17.2.1988	–	5.2.1989
Schlange	6.2.1989	–	25.1.1990
Pferd	26.1.1990	–	13.2.1991
Ziege	14.2.1991	–	2.2.1992
Affe	3.2.1992	–	21.1.1993
Hahn	22.1.1993	–	9.2.1994
Hund	10.2.1994	–	29.1.1995
Schwein	30.1.1995	–	17.2.1996
Ratte	18.2.1996	–	6.2.1997
Büffel	7.2.1997	–	27.1.1998
Tiger	28.1.1998	–	15.2.1999
Hase	16.2.1999	–	3.2.2000
Drache	4.2.2000	–	24.1.2001
Schlange	25.1.2001	–	12.2.2002
Pferd	13.2.2002	–	2.2.2003
Ziege	3.2.2003	–	20.1.2004
Affe	21.1.2004	–	8.2.2005
Hahn	9.2.2005	–	28.1.2006
Hund	29.1.2006	–	15.2.2007
Schwein	16.2.2007	–	5.2.2008

Die angriffslustige Ratte

18. 2. 1912	–	5. 2. 1913
5. 2. 1924	–	23. 1. 1925
24. 1. 1936	–	10. 2. 1937
10. 2. 1948	–	28. 1. 1949
28. 1. 1960	–	14. 2. 1961
15. 2. 1972	–	2. 2. 1973
1. 2. 1984	–	18. 2. 1985
18. 2. 1996	–	6. 2. 1997

Man muss es ihnen lassen: Ratten haben Köpfchen! Was andere mit roher Gewalt zu erreichen suchen, gelingt ihnen mit listiger Schläue. Ihre Angriffslust ist kaum zu bändigen, wenn es gilt, einen Nebenbuhler aus dem Rennen zu werfen. Vorgesetzte schätzen sie als zuverlässige und strebsame Mitarbeiter, Partner als charmante und elegante Gespielen.

Untergebene werden sie nicht immer verstehen, denn ihr Wahlspruch heißt: Alles oder nichts! Und von daher kommen die Enttäuschungen; manche Ratte kann eben Gewonnenes leichtsinnig wieder aufs Spiel setzen, ohne Rücksicht auf Verluste, um dann zu erkennen: Wie gewonnen, so zerronnen. Aber sie wird sich immer von neuem fangen – ihr Ziel ist der Profit, des Lebens beste Seite. Klar, dass ihre Berufswege zu Erfolgen führen müssen, als königlicher Kaufmann oder als rücksichtsloser Wucherer. Als Politiker führen sie das große Wort. Ihre Versprechungen sind ernst gemeint, aber sie werden auch mit lächelnder Miene das Gegenteil von dem sagen können, was sie eben noch als erstrebenswert gelobt haben. Ratten haben oft künstlerische Hobbys, die sie sehr schnell in klingende Münze verwandeln können, wenn sie erst erkannt haben, was alles daraus zu machen ist. Denn Geld ist den Ratten wichtig.

Aber man sollte Unterschiede bei den Ratten machen – die im Sommer Geborenen sind anders als die im Winter zur Welt Gekommenen. Und das ist durchaus logisch.

Die sommerlichen Ratten finden Nahrung im Überfluss, sie können aus dem Vollen schöpfen. Das macht sie liebenswerter; trotz aller Aggressivität bleiben sie verbindlich, bezirzen durch ihren Charme die Umwelt. Sommer-Ratten sind noch ehrgeiziger als ihre winterlichen Genossen, sie können mit lächelndem Gesicht die größten Unverschämtheiten sagen und mit Vehemenz die Ellenbogen benutzen, um einen Konkurrenten aus dem Wege zu schubsen.

Die Angriffslust der Winter-Ratten gründet in der ständigen Angst ums tägliche Brot. Weibliche Angehörige dieses Tierzeichens legen Vorräte an, die über Jahre reichen, und es macht ihnen nichts aus, wenn vieles Schimmel ansetzt und verdirbt – man wirft es weg und füllt von neuem auf. Man sagt, Winter-Ratten neigten zur Völlerei, und von daher sei ihre Gesundheit gefährdet. Doch mit der Gesundheit macht's die Ratte wie mit dem Gelde: Wenn sie im tiefsten Sumpf zu versinken droht, zieht sie sich am eigenen Schopfe wieder heraus, eine Eigentümlichkeit, die auch auf im Sommerhalbjahr geborene Ratten zutrifft, nur dass diese nicht ganz so widerstandsfähig sind wie ihre winterlichen Schwestern.

Viele Ratten werden vom Leben verwöhnt. Dann lieben sie den Luxus, leider oft auch Völlerei und ausschweifendes Leben. Das bedeutet nicht nur Gefahr für die Gesundheit, sondern trübt auch den Blick. Gar manche Ratte umgab sich im Wohlstand mit falschen Freunden, die nur darauf warten, ihr eins aufs Haupt zu schlagen. Wird die Ratte so enttäuscht, zieht sie sich in ihr Loch zurück, misstrauisch gegen jeden und unzufrieden mit sich selbst. Manche Ratten-Pleiten sind darum auf mangelnde Menschenkenntnis zurückzuführen.

Auch in der Liebe geht die Ratte aufs Ganze. Und eigentlich erreicht sie ihr Ziel immer, selbst wenn der angepeilte Partner zunächst gar nicht so sehr interessiert schien. Das macht der Charme der Ratten-Männer, die Eleganz der hübschen Ratten-Mädchen.

Die Ratten-Frau heiratet im Gegensatz zum Ratten-Mann meist schon sehr früh. Sie ist leidenschaftlich und will den Geliebten am liebsten nur für sich. Argwöhnisch beißt sie vermeintliche Nebenbuhlerinnen aus dem Felde. Spielt der Mann das Liebesspiel zu zweit mit, hat er den Himmel auf Erden, aber wehe, wenn er fremdgeht! Dann lernt er den Vulkan kennen, der ihn mit lodernder Lava überschütten wird. Besser er kriecht sofort zu Kreuz oder sucht das Weite. Der Ratten-Mann bindet sich nicht gar so schnell. Er will erst an dieser oder jener Blume riechen, bevor er die schönste von allen in die Vase stellt. Er schindet bei den heiratswilligen Mädchen Eindruck durch seine Großzügigkeit, durch seinen äußeren Schein, durch seinen Sex-Appeal. Seiner Liebsten kann er alles geben, Gold und Silber, aber vor allem verschenkt er sein Herz.

In der Ehe sind Ratten häuslich; man könnte sie für Spießbürger halten, für Heimchen am Herde, wenn nicht ihr unbändiger Wille nach Geld und allem Glück der Welt da wäre, der sie unruhig macht. Denn bei aller Liebe bleibt das Streben nach Profit der Ratten Lebensziel.

Die Ratte vom Widder bis zu den Fischen

Widder-Ratten (21.3.–20.4.) wollen meist mit dem Kopf durch die Wand. Sie erreichen viel im Leben, sind die geborenen Manager. Was sie einmal entschieden haben, werden sie kaum umwerfen. Energie ist ihr Kapital.

Stier-Ratten (21.4.–20.5.) sind bei aller Geschäftstüchtigkeit sehr häuslich. Sie schätzen ein friedliches Familienleben, aus dem sie die Kraft für den Beruf schöpfen. Sie sind besonders liebenswürdig.

Zwillinge-Ratten (21.5.–21.6.) haben oft dünne Nervenstränge. Aber sonst sind sie meist das Beste, was Ratten-Jahre zu bieten haben. Sie werden sich auch in der Liebe ins rechte Licht setzen.

Krebs-Ratten (22.6.–22.7.) können schlecht Kritik vertragen. Sie werden wegen ihres Sachverstandes sehr geschätzt. Es sind die Träume, die ihnen oft den Weg nach oben verbauen.

Löwe-Ratten (23.7.–23.8.) sind Persönlichkeiten, die den Kopf höher tragen als andere. Ihre Großzügigkeit könnte sie in Kalamitäten bringen, ihr Stolz sie arrogant erscheinen lassen.

Jungfrau-Ratten (24.8.–23.9.) haben Sinn für finanzielle Werte. Manchmal sind sie zu kleinlich; das macht auch das Zusammenleben mit ihnen etwas schwerer. Sie wissen sich besonders elegant zu kleiden.

Waage-Ratten (24.9.–23.10.) sind für den Ausgleich in allen Lebenslagen. Sie lieben den Luxus mehr noch als andere Ratten. In der Liebe sind sie oft umschwärmter Mittelpunkt des anderen Geschlechts.

Skorpion-Ratten (24.10.–22.11.) sind kämpferische Typen, die sich durchbeißen, um ihr Ziel zu erreichen. Nichts ärgert sie übrigens mehr als Unaufrichtigkeit.

Schütze-Ratten (23. 11.–21. 12.) schießen manchmal übers Ziel hinaus. Sie sind vortreffliche Redner, halten aber nicht immer, was sie versprechen. Sie sind tüchtige Leute, aber etwas knickerig.

Steinbock-Ratten (22. 12.–20. 1.) prüfen lange, bevor sie wählen. Aber dann halten sie meist an dem für richtig Erkannten ein Leben lang fest. Man kann sie nur schwer in die Ehefalle locken.

Wassermann-Ratten (21. 1.–19. 2.) suchen oft in fremden Ländern ihr Glück, sind unruhig und ungeduldig. Haben sie das eine Ziel erreicht, gehen sie schon auf das nächste zu. Sie sind meist sehr klug.

Fische-Ratten (20. 2.–20. 3.) sind stets auf der Jagd nach dem Glück, obwohl sie keine ausgesprochenen Glücksritter sind. Auf charmante Weise können sie ihre Freunde für sich einspannen.

Die Partner der Ratte

Ratten untereinander lieben sich sehr, sie spielen miteinander zärtlich. Sie tun sich nicht weh, aber manchmal kocht die Leidenschaft über.

Büffel sind nicht unbedingt der Typ der Ratte, weil sie nicht so temperamentvoll lieben und leben können. Trotzdem findet die Ratte beim Büffel die Sicherheit, die sie stets sucht. Und das macht dann beide ein Leben lang einigermaßen glücklich.

Tiger überzeugen die Ratte mit ihrer Herzlichkeit. Aber sie wollen dominieren. Leider kann die Ratte nur schlecht klein beigeben – eine schwierige Partie.

Hasen bringen die Ratte leicht auf die Palme mit ihrer ruhigen Art. Man liebt zwar Haus und Heim, aber beim Geld kann's des Öfteren mal zum Krach kommen.

Drachen sind die idealen Partner für Ratten, weil sie sich ergänzen können, vor allem auf geistigem Gebiet. Eine Ehe zwischen beiden baut auf gute Kameradschaft.

Schlangen sind für Ratten rätselhafte Wesen, die sich ihnen nie ganz offenbaren. Oft aber finden sie gleiche Interessen, und dann kann's trotz aller Gegensätze gut gehen.

Pferde kommen bei Ratten nicht immer an. Sie sind zu sehr auf Abenteuer aus, und dabei kann der von der Ratte erstrebte Profit leider auch mal zum Teufel gehen.

Ziegen sind für Ratten oft zu verschlossen; sie sagen nur das, was sie unbedingt für nötig halten. Beide haben vieles gemeinsam, aber das genügt wohl nicht immer.

Affen sind für die Ratten ideale Lebenspartner, in jeder Hinsicht liebens- und bewundernswert. Die Ratte hasst nur des Affen seltsame Späße, die andere schön finden.

Hähne sind den Ratten leidenschaftliche Partner, die aber auch manchen Streit vom Zaune brechen. Leider verlangen Hähne oft zu viel von ihren Ratten.

Hunde sind die besten Freunde der Ratten, weil sie ein wenig Ruhe ins Heim der Ratte bringen. Da gibt's kaum Streit, und die Einnahmen werden brüderlich geteilt.

Schweine sind für Ratten manchmal zu empfindlich. Aber im geistigen Bereich liegen beide auf einer Wellenlänge. Auch im Materiellen treffen sie sich.

Der sanfte Büffel

6.2.1913	–	25.1.1914
24.1.1925	–	11.2.1926
11.2.1937	–	30.1.1938
29.1.1949	–	15.2.1950
15.2.1961	–	4.2.1962
3.2.1973	–	22.1.1974
19.2.1985	–	8.2.1986
7.2.1997	–	27.1.1998

Dem Büffel, sagt ein altes chinesisches Sprichwort, ist das frische Gras lieber als eine goldene Futterkrippe. Es spiegelt die bescheidene Art der Leute wider, die in einem Büffel-Jahr geboren wurden. Dabei sind es Menschen von Saft und Kraft, denen man trotz aller Behäbigkeit anmerkt, dass sie zu arbeiten gewohnt sind. Sie sind sanft und geduldig – aber wehe, jemand reizt sie! Den nehmen sie sofort auf die Hörner. Denn hinter ihrem ruhigen Wesen steckt der Choleriker, der wutschnaubend Hindernisse aus dem Weg räumen kann, der sich Respekt verschaffen wird, und der nach oben will, ohne Rücksicht auf Verluste.

Der Büffel wird immer den geraden Weg suchen. Krumme Touren sind ihm verhasst. Er vertraut auf seine Arbeitskraft. Sein stures Beharren auf dem, was er einmal als richtig erkannt hat, macht ihm im Kollegenkreis manchen Feind, fördert aber sein Ansehen bei Vorgesetzten. So wird er bald hochgelobt in die obere Etage des Lebens, kann sich alles Erdenkliche leisten und vielen befehlen. Denn Kommandieren tut er für sein Leben gern.

Das prädestiniert ihn zum Chef einer Polizeieinheit ebenso wie zum Abteilungsleiter eines Industrie-Unternehmens, zum Chefarzt wie zum Boss eines Handwerksbetriebes. Aber er wird ebenfalls in künstlerischen Berufen seinen Mann stehen, als Lichtbildner etwa und als Architekt. Er schätzt auch bodenständige Arbeit, wäre mithin der geborene Landarbeiter. Da er jedoch nie ganz unten bleiben kann, wird er bald des Bauern Tochter heiraten und den eigenen Hof bestellen.

Bei den Frauen sind die Ziele ähnlich gesteckt, nur dass hier noch einige Sozialberufe hinzukommen, in denen die Büffel-Dame den Aufstieg sucht. Viele Managerinnen von heute sind unterm Büffel-Zeichen geboren. Freilich darf auch nicht verschwiegen werden, dass die Weltgeschichte einige Diktatoren kennt, die in Büffel-Jahren zur Welt kamen.

Wie ganz anders sind doch Büffel in den eigenen vier Wänden. Da sind sie die Sanftheit in Person. Büffel-Damen sind die liebevollsten Mütter, die aufmerksamsten Ehe- und Hausfrauen, wenn es nur nach ihrem eigenen Kopf geht. Wehe dem Mann, der sich erdreistete, in ihre Kochtöpfe zu schauen! Man lasse sie schalten und walten und hat bei ihnen den Himmel auf Erden.

Der Büffel-Mann ist traditionsbewusst, die Güte selbst. Er überschüttet seine Lieben mit Freundlichkeiten. Und doch ist es möglich, dass sie sich gegen ihn auflehnen, obwohl sie wissen, dass für ihn kein Opfer zu groß ist, sofern es nur den Wohlstand der Familie sichert. Wenn sie sich erst mal die Hörner ein wenig abgestoßen haben, sieht man die Büffel oft in Spitzweg-Pose daheim – mit Pantoffeln an den Füßen und der Zipfelmütze auf dem Haupte. Denn Gemütlichkeit geht ihnen nach des Tages langer Arbeit über alles.

Trotzdem können sie recht unbequeme Ehepartner sein. Nicht, dass Büffel eifersüchtig wären. Das haben sie gar nicht nötig; denn wenn sie vor dem Traualtar ihr Jawort gegeben haben, vereinnahmen sie das Ehegespons als persönliches Eigentum. Herzensdiebe, die sich da einschleichen wollen, um fremde Früchte zu ernten, oder gewissenlose Hausfreunde werden nicht geduldet.

Man ist treu und kann darum auch Treue verlangen! Zum Dank ist der Büffel-Partner so eine Art Lebensversicherung: Er sorgt stets vor, dass noch ein Notgroschen in der Kasse bleibt, der sich mit der Zeit zu einem stattlichen Bankguthaben vervielfältigen wird.

Büffel-Männer haben viel für den Sex übrig; ihre sanfte, behutsame Art wird von Frauen gelobt. Nur hält er sich meistens nie lang beim Vorspiel auf, sondern geht gleich zur Sache, wobei er oft die romantischen Gefühle seiner Herzallerliebsten zertrampelt, nicht verstehend, dass sie nicht ebenso robust reagiert wie er selber.

Büffel-Frauen sind sinnlicher veranlagt. Sie tragen stets viele unerfüllte Sehnsüchte im Reisegepäck auf dem Lebensweg mit. Aber nie werden sie sich ihrem Partner offenbaren. Sie werden seine Sexgelüste hinnehmen, mitmachen und schweigen – wie anders hatten sie es sich doch im Honigmond der Liebe gedacht!

Wer mit Büffeln zusammenleben muss, sollte sie gewähren lassen; im Grunde meinen sie es ja alle gut mit ihren Mitmenschen. Oder von vorneherein einen Strich ziehen: bis hierher und nicht weiter!

Büffel-Damen und Büffel-Herren aber sei der Rat gegeben, etwas weniger die Hörner zu zeigen, wenn es mal nicht so recht nach ihrem Willen geht. Das würde sie mehr Freunde und mehr Lebensfreude finden lassen. Die sanften Büffel sind es, die alle lieben.

Der Büffel vom Widder bis zu den Fischen

Widder-Büffel (21. 3.–20. 4.) nehmen jeden auf die Hörner, der sich ihnen entgegenstellt. Ihr Wille ist nicht zu bezähmen, aber leider auch unkontrollierbar. Sie sind weniger häuslich als andere Büffel.
Stier-Büffel (21. 4.–20. 5.) haben besonders viel Familiensinn. Sie können keinem etwas zuleide tun. Nur hier und da bricht ihr Temperament durch, und dann fliegen die Fetzen.
Zwillinge-Büffel (21. 5.–21. 6.) haben neben viel Durchsetzungskraft noch mehr Humor. Sie sind tolerant, wissen aber mit Schläue immer und immer wieder die eigene Meinung ins rechte Licht zu rücken.
Krebs-Büffel (22. 6.–22. 7.) träumen gern am eigenen Kamin. Sie denken langsam, darum um so gründlicher. Man kann sie ausnutzen bis zu einem gewissen Grade. Oft sind sie angenehme Partner.
Löwe-Büffel (23. 7.–23. 8.) lassen manchmal die Fünf gerade sein. Man sollte sie nicht necken, das verletzt ihren Stolz und macht sie wild. In der Ehe muss man sich mit ihnen erst zusammenraufen und – kuschen!
Jungfrau-Büffel (24. 8.–23. 9.) lieben nicht viel Worte. Sie gehen stur auf das gesteckte Ziel los, aber es ist möglich, dass sie kurz vor Erreichen Minderwertigkeitskomplexe bekommen.
Waage-Büffel (24. 9.–23. 10.) sind eine seltsame Mischung. Sie haben Verständnis für ihre Mitmenschen, ecken aber gerade deswegen manchmal an. Sie sind zärtlicher als andere. Wenn nur die Hörner nicht wären …
Skorpion-Büffel (24. 10.–22. 11.) können jähzornig reagieren. Das macht der Stachel, der zu den Hörnern kommt. Sie nehmen jeden Gegner an.

Schütze-Büffel (23. 11.–21. 12.) finden oft nicht Maß und Ziel. Im Allgemeinen sind sie aber sehr versöhnlich. Sie drängen zur Spitze und bemühen sich dann, human und ausgleichend zu wirken.
Steinbock-Büffel (22. 12.–20. 1.) können nicht sehr viel Spaß vertragen. Sie glauben, dass alles Heil aus der Arbeit kommt. Müßiggang ist ihnen verhasst. Sie sind auch ziemlich unbequeme Ehepartner.
Wassermann-Büffel (21. 1.–19. 2.) sind tolerant, die geborenen Beichtväter. Sie lassen ihre Überlegenheit niemanden spüren, üben Gewalt nur mit Sammetpfötchen aus. Liebenswerte Partner!
Fische-Büffel (20. 2.–20. 3.) haben einen etwas seltsamen Humor, der auf Kosten ihrer Mitmenschen geht. Dabei wollen sie eigentlich immer nur das Beste, nur an der Durchführung hapert's.

Die Partner des Büffels

Ratten mögen die etwas schwerfällige Art der Büffel. Es kann zu gutem Verstehen kommen, wenn beide ihre Herrschsucht überwinden.
Büffel untereinander verbindet eine zuverlässige, manchmal aber etwas langweilige Partnerschaft. Sie sind am liebsten zu Hause und träumen miteinander.
Tiger reißen gern die schwerfälligen Büffel – wie sollte sich da ein Büffel verlieben können? In solchen Verbindungen kracht es öfter wegen des Tigers Heftigkeit.
Hasen sind die besten Ehepartner der Büffel, weil sie viel für eine gepflegte Häuslichkeit übrig haben. Allerdings: Chef daheim ist auf jeden Fall der Büffel!
Drachen beharren stur auf einer einmal gefassten Meinung, der

Büffel auch. Hier liegt der Zündstoff für handfeste Auseinandersetzungen, die gegen eine solche Bindung sprechen.
Schlangen sind anpassungsfähig, das wird sich auch in einer Liaison mit dem Büffel beweisen. Aber der Büffel verlangt Treue, und das kostet die Schlange Überwindung.
Pferde bringen Unruhe ins Heim des Büffels. Er schätzt die Lebensfreude der Pferde, aber ihr Temperament fällt ihm auf die Nerven. Die Pferde müssten nachgeben.
Ziegen haben Sinn für Romantik, das mag der Büffel. Aber er wird an der Ziegen Unentschlossenheit verzweifeln. Auf lange Sicht wird eine solche Bindung schwierig.
Affen treiben ihre Späße mit jedermann. Der Büffel erträgt sie zunächst geduldig, dann setzt es Hiebe. Affen müssten schon in sich gehen, um Dauerhaftes zu erreichen.
Hähne sind die Favoriten der Büffel; sie ordnen sich unter, ohne dabei die schönsten Federn zu verlieren. Eine Hahn-Büffel-Ehe hat meistens Bestand.
Hunde verbellen den Büffel, und der knurrt wütend zurück. Trotzdem kann eine Partnerschaft gelingen, wenn der Hund sich auf seine Tugenden besinnt und kuscht.
Schweine und Büffel sind sich absolut treu. Aber das reicht nicht, wenn man nicht die gegenseitigen Schwächen übersieht, also Toleranz übt.

Der verwegene Tiger

26.1.1914	–	13.2.1915
12.2.1926	–	1.2.1927
31.1.1938	–	18.2.1939
16.2.1950	–	5.2.1951
5.2.1962	–	24.1.1963
23.1.1974	–	10.2.1975
9.2.1986	–	28.1.1987
28.1.1998	–	15.2.1999

Den Tiger streichelt man nicht, sagen die Chinesen. Man achtet ihn, man sieht zu ihm auf. Und schon fängt der Wilde an zu schnurren. So harmlos sind die Tiger nicht. Sie gehen auf die Jagd nach lockenden Zielen, meiden keinen Streit – Kampf ist ihr Lebenselixier. Tiger sind verwegen, sie schauen weder nach rechts noch links, wenn sie die Beute wittern. Das macht sie für einen Flankenangriff verwundbar.

In Tiger-Jahren Geborene streben geradewegs nach oben. Sie wollen bewundert werden. Aber es ist nicht ihre Tüchtigkeit, ihr geistiges Format, das ihrer Mitmenschen Bewunderung erheischt, es ist die Persönlichkeit, ihr herrisches Auftreten, das sie zum Führer stempelt. Revolutionären Ideen gegenüber sind sie eher aufgeschlossen als Leute aus anderen Tierzeichen. Wenn irgendwo Stunk gemacht werden muss, sind sie dabei. Ihre Autorität ringt selbst den Gegnern Anerkennung ab.

Mit Wagemut stürzen sich die Tiger in den Beruf. Das Leben

eines Buchhalters wäre ihm zu eintönig, das einer Schneiderin ihr zu pingelig. Etwas Aufregung muss auch bei der Arbeit sein. Man will forschen, kämpfen, entwickeln. Ingenieure sind massenweise unter den Tigern (auch weibliche!), Rennfahrer und Soldaten, Unternehmer und angriffsfreudige Politiker, Bardamen und streitbare Verfechterinnen der Emanzipation. Halbes kennen die Tiger nicht, sie gehen stets aufs Ganze.

Die Bewunderung, die ihnen allenthalben entgegenschlägt, macht sie manchmal eitel. Das drückt sich bei den Damen in übertriebener Putzsucht aus, bei den Herren in süffisanter Arroganz. Die meisten Tiger jedoch wissen Bewunderung als Gottesgeschenk zu nehmen und danach zu handeln; sie sind vorbildliche Vorgesetzte, einmalige Kollegen. Der Beifall spornt sie zu neuen Taten an.

Es ist nicht unbedingt ein Fehler, dass der Tiger immer gegen irgendetwas ist. Das macht ihn in gewisser Beziehung sogar zum Weltverbesserer, denn Ungerechtigkeit zum Beispiel kann er auf den Tod nicht ausstehen. Er kämpft auch gegen die bösen Kapitalisten, aber es ist durchaus möglich, dass er im Kampf für soziale Gerechtigkeit selbst zum Kapitalisten wird. Das ist das Zwiespältige in der Nachtseele des Tigers.

Man muss den Tigern eine gehörige Portion Dickköpfigkeit bescheinigen. Das gilt auch für die Liebe. Tiger jagen ihr Wild so lange, bis es erschöpft um Gnade fleht. Sie sind ausdauernd, können aber auch überzeugen. Nur verlieren sie oft den Spaß an der Sache. Tiger lieben den Wechsel – im Beruf, bei den Idealen, aber auch in der Liebe. Ist es da nicht verständlich, wenn viele in Tiger-Jahren Geborene den Scheidungsrichter aufsuchen? Sie versuchen's danach noch einmal und bleiben trotzdem gut Freund mit dem Menschen, von dem man sich trennte. Tiger sind nicht nachtragend; und überdies wissen sie von dem Quäntchen Schuld, das sie selbst stets auf sich laden.

Schicke Tiger-Damen binden sich oft zu schnell; und dann wissen sie, dass Liebe unglücklich macht. Für Augenblicke nur – an der nächsten Ecke steht ja schon ein anderer, der ihnen noch mehr bieten könnte. Sie stolpern gewissermaßen von einem Liebesabenteuer in das nächste. Und die schönste Bindung geht kaputt, weil man immer wieder einen findet, der noch besser schien als der vorherige. Einige Tiger werden erst nach der Lebensmitte vernünftig, manche überhaupt nicht. Viele kuschen nach genügend Erfahrungen und lassen sich dann zähmen. Man gebe den Tigern, die man an sich bindet, nur ja ein wenig Auslauf, sonst brechen sie aus und verschwinden bei Nacht und Nebel. Was Ehepartner an ihren Tigern übrigens besonders lieben, ist deren Temperament, aber auch die Einfühlsamkeit, mit der sie auf alles eingehen, was dem anderen Kummer macht.

Bei den Tigern kommt es vor allem darauf an, zu welcher Tageszeit sie geboren wurden. Kinder der Nacht sind ausgeglichener und fröhlicher als ihre Schwestern und Brüder, die um die Mittagszeit das Licht der Welt erblickten. Mittagskinder sind unruhiger, wirken gehetzter. Tiger-Kinder der Nacht wissen um ihre Macht; sie können sich ungesehen auf die Beute stürzen.

Tiger sind tapfere Gesellen, aber sie suchen auch ständig das Risiko. Und von daher droht ihnen Gefahr. Sie müssten sich dazu zwingen, ruhig zu überlegen, alles genau zu durchdenken, bevor sie zur Tat schreiten – aber welcher Tiger kann schon ruhig bleiben in dieser unruhigen Welt, in der die Abenteuer locken?

Der Tiger vom Widder bis zu den Fischen

Widder-Tiger (21. 3.–20. 4.) ecken an, wo sie nur können. Sie stürmen und drängen und haben etwas von einem Düsenjäger an sich, der die Schallmauer durchbricht. Sie sind kurz entschlossen, auch in der Liebe.
Stier-Tiger (21. 4.–20. 5.) jagen oft nach Geld und festen Werten, sind einfühlsamer als andere Tiger, dafür aber auch eher eingeschnappt. Als Ehepartner kann man sie mit einigem Verständnis leicht zähmen.
Zwillinge-Tiger (21. 5.–21. 6.) stürzen sich mit Vehemenz ins volle Menschenleben und erreichen mit Wagemut, der an Waghalsigkeit grenzt, oft Spitzenkarrieren. Ihre Scheidungsquote ist hoch.
Krebs-Tiger (22. 6.–22. 7.) sind so, wie sie ein chinesisches Sprichwort sieht: Sie schleichen sich ein und wollen nicht gesehen werden. Man kann sie am ehesten zähmen, aber Vorsicht vor ihren Krallen!
Löwe-Tiger (23. 7.–23. 8.) verschenken oft ihre letzte Habe. Wehe aber, man verletzt ihren königlichen Stolz! Dann brüllen sie, dass die Wände wackeln. Man sollte sie ab und zu kraulen, ihnen aber nie widersprechen.
Jungfrau-Tiger (24. 8.–23. 9.) machen mehr mit Köpfchen denn mit roher Gewalt. Und deshalb bringen es diese Tiger von allen am weitesten.
Waage-Tiger (24. 9.–23. 10.) sind meist etwas unsicher, weil die Streitlust des Tigers mit der Waage Sinn für Harmonie konfrontiert wird. In der Ehe müssen sie mal aus dem Käfig ausbrechen können.
Skorpion-Tiger (24. 10.–22. 11.) wildern oft, aber wer sie zähmt, hat in ihnen einen treuen Freund. Nur ist es mit der Zähmung nie weit her, denn irgendwann brechen Krallen oder Stachel durch.

Schütze-Tiger (23. 11.–21. 12.) sind am schwersten einzufangen. Sie lieben die Freiheit, was sie nicht hindert, im Dschungel der Liebe mal dieses und mal jenes Wild zu schlagen.
Steinbock-Tiger (22. 12.–20. 1.) sind zähe und ausdauernde Kämpfertypen. Was sie sich in den Kopf setzen, das führen sie auch durch. Allerdings lassen sie sich durch Vernunftgründe manchmal umstimmen.
Wassermann-Tiger (21. 1.–19. 2.) haben revolutionäre Ideen, die sie auch in die Tat umsetzen werden. Ihr Gerechtigkeitssinn ist sprichwörtlich, was nicht ausschließt, dass sie damit anecken.
Fische-Tiger (20. 2.–20. 3.) reagieren mit Gefühl. Sie versuchen im Spiel zu erreichen, was anderen nur mit harter Arbeit gelingt. Man mag sie sehr.

Die Partner des Tigers

Ratten versuchen mit List, was der Tiger mit Eleganz und Charme erreicht. Hier treffen zwei zusammen, bei denen es zu Meinungsverschiedenheiten kommen kann.
Büffel haben ein sehr sanguinisches Temperament. Der Tiger müsste sich schon schwer ändern, wenn ihn die ruhige Art des Büffels nicht rasend machen würde.
Tiger unter sich können rechte Schmusekatzen sein. Wenn nur nicht die harten Pranken wären, denn jeder von beiden will in der Gemeinschaft den Ton angeben.
Hasen schmeicheln sich bei Tigern ein. Ihr weiches Wesen steht zwar im Widerspruch zu der zupackenden Art des Tigers, aber bekanntlich ziehen sich Gegensätze an.
Drachen sind den Tigern auf vielen Gebieten überlegen. Aber sie

lassen diese Überlegenheit nicht spüren. Das mag der Tiger. Und so kommt eine gute Verbindung zustande.

Schlangen setzen der Kraft des Tigers eine Portion mehr Klugheit entgegen. Das ist nicht immer gut und kann zu neuen und stärkeren Differenzen führen.

Pferde mögen das drauflosstürmende Temperament des Tigers. Sie gleichen aus, und der Tiger hört auf sie. So ergibt sich eine haltbare Lebenskampfgemeinschaft.

Ziegen sind durchaus anpassungsfähig, aber des Tigers Rasanz fordert ihre Kritiklust heraus. So kommt es bald zu handfesten Auseinandersetzungen. Und die Ziege wankt von hinnen.

Affen treiben ihre Späße auch mit dem Tiger, die dieser zunächst mit Humor erträgt. Sobald die Affen aber übertreiben, ist es aus mit des Tigers Gemütlichkeit.

Hähne haben denselben Stolz wie Tiger. Es könnte nur zu Streit kommen, wenn ihnen der Kamm schwillt und sie sich dem doch so erhabenen Tiger überlegen zeigen.

Hunde können sich unterordnen, wenn sie das Format ihres Partners schätzen gelernt haben. An der Seite des Hundes wird der Tiger mit der Zeit ruhiger und ausgeglichener werden.

Schweine haben nicht das Temperament des Tigers. Aber sie gleichen sein oft übereiliges Vorpreschen durch viel Verständnis aus. Ob das dem Tiger genügt?

Der gutmütige Hase

14. 2. 1915	–	2. 2. 1916
2. 2. 1927	–	21. 1. 1928
19. 2. 1939	–	7. 2. 1940
6. 2. 1951	–	25. 1. 1952
25. 1. 1963	–	12. 2. 1964
11. 2. 1975	–	30. 1. 1976
29. 1. 1987	–	16. 2. 1988
16. 2. 1999	–	3. 2. 2000

Hasen sind die besten Beichtväter. Sie wissen in allen Lebenslagen Rat. Nur bei eigenen Belangen sind sie manchmal ratlos. Sie geben auch die besten Alleinunterhalter ab; wenn sie jemand gefunden haben, der ihnen geduldig zuhören kann, erzählen sie ihm von all den vielen Problemchen, die sich ihnen stellen, von Freud und von Leid. Der Hasen Plappermäulchen steht dann nicht still, wobei sie mit der Zeit, wenn sie Konkretes nicht mehr zu berichten wissen, Dichtung mit Wahrheit mischen. Solcher Cocktail geht dem einen wie Honigwein runter, dem anderen stößt er auf. Und dann fühlt sich der Hase unverstanden und braucht selbst einen Beichtvater.

Im Grunde genommen sind Hasen sehr gutmütig. Sie können das Leid ihrer Mitmenschen tragen helfen, die Kranken pflegen und die Verzweifelten trösten. Schon manche Träne wurde von Hasen vergossen über das Ach und Weh der bösen Welt, die sie zu ändern wünschen, aber nicht ändern können, weil sie eben doch nur kleine, schwache Häslein sind.

Manch einer hält die Hasen für oberflächlich trotz der eben geschilderten Samariter-Eigenschaften. Tatsächlich haben sie viele Freunde, denen sie Rat und Hilfe angedeihen lassen und denen sie sich mitteilen. Aber sie zeigen auch manchem die kalte Schulter, den sie nicht in den Kreis ihrer Freunde oder den der eigenen Familie einordnen können.

Man kann zu den Hasen Vertrauen haben. Das wissen auch viele Chefs, deren rechte Hand sie sind. Hasen sind zwar nicht die schnellsten Arbeiter, aber sie haben Ausdauer, verbeißen sich in Probleme und lösen sie oder – was weit weniger vorkommt – lassen sie fallen. Man findet sie in allen Sparten der Rechtswissenschaft, im diplomatischen Dienst, im Bankfach und in anderen Positionen, die sich um den Umgang mit Geld und festen Werten drehen.

Als darstellende Künstler sind sie wegen ihrer Feinnervigkeit und ihrer Fähigkeiten, sich in anderer Rollen zu versetzen, ebenso gefragt wie am Schreibpult des Dichters oder des Journalisten. Sie können auch ein Familienunternehmen zu Macht und Ansehen führen, zumal sie in puncto Familie nur die eine Richtung kennen – jene, in der alles stimmen muss.

Hasen-Frauen stehen in all diesen Berufen ebenso ihren Mann. Bei ihnen kommt noch eine spezielle Fähigkeit hinzu: Sie sind die geborenen Hausfrauen! Dem Mann machen sie das Heim zum Schmuckkästchen, den Kindern die Familie zum sicheren Hort. Sie bekochen ihre Lieben mit immer neuen Gerichten und sind enttäuscht, wenn es jemandem bei ihnen mal nicht so schmeckt, wie sie es sich dachten. Der Mann ihrer Wahl sollte der Hasen-Frau ein Haus bieten mit grünendem Gärtchen, in dem sie es blühen und wachsen lassen wird. Auch Hasen-Männer lieben das eigene Heim. Aber es ist möglich, dass sie es öfter mal gegen ein anderes vertauschen. Das kommt daher, dass sie sich oft enttäuscht fühlen von dem Partner, mit dem sie dann nach dem ersten großen Krach friedlich auseinander gehen; man bleibt gut Freund, aber das Tischtuch ist zerschnitten.

In einem Jahr des Hasen geborene Menschen lieben zwar die Ruhe und den Frieden, sie können aber auch ganz gut mitmischen, wenn es auf in den Kampf geht. Sie streiten gern um des Kaisers Bart und beharren oft auf ihrem Standpunkt selbst dann noch, wenn sie längst erkannt haben, dass sie mit ihrer Meinung auf dem Holzweg sind. In ihrer Nachtseele steht manches von Launen und Besserwissen geschrieben, was bei vielen Hasen nicht zum Durchbruch kommt, wenn sie sich verstanden fühlen.

Es ist die intakte Familie, nach der sich alle Hasen sehnen. Sie wollen umsorgen und umsorgt werden. Wenn da was nicht stimmt, ergreifen sie leicht das Hasenpanier; dann ist der Alkohol ihr Tröster, oder sie werden plötzlich nicht mehr gesehen.

Hasen kleiden sich elegant, sie haben eine Vorliebe für Gold und Geschmeide. Aber alles muss geschmacklich aufeinander abgestimmt sein. Mancher hält sie für pedantisch, für zu konservativ.

Auf der Schattenseite dieses gutmütigen Menschentyps ist eine gewisse Sturheit zu vermerken; wenn er mal was will, dann setzt er es auch durch, und wenn – vor allem bei sentimentalen Hasen-Frauen – das Tränen-Krüglein brechen muss, das den Widerstand eines Andersdenkenden hinwegfließen lässt.

Fassen wir zusammen: Mit den Hasen lässt es sich leben im Freundeskreis und in der Familie. Man muss sie nehmen, wie sie wirklich sind, anschmiegsam und vertrauensselig, hilfsbereit und für gute Freunde immer da. Sie werden nie ganz untergehen, denn im rechten Augenblick findet jeder Hase doch noch den Ausweg aus einem verfallenen Bau. Enttäuschungen treffen sie besonders hart, aber sie überwinden sie schneller als andere aus dem Tierkreis.

Der Hase vom Widder bis zu den Fischen

Widder-Hasen (21. 3.–20. 4.) schlagen manchmal Haken, um Unannehmlichkeiten aus dem Wege zu gehen. Sie erreichen mehr als andere Hasen, weil sie keine Angst kennen. Vorsicht, man sollte nie mit ihnen streiten!

Stier-Hasen (21. 4.–20. 5.) sollten Vorbild für alle anderen Hasen sein. Sie sind gute Gastgeber und verlässliche Partner. Sie können sehr herzlich sein, aber auch stur auf ihrem Standpunkt beharren.

Zwillinge-Hasen (21. 5.–21. 6.) bringen meist Unruhe ins Haus. Sie sind zuverlässige Arbeiter, aber man sollte von ihren großartigen Versprechungen nur die Hälfte glauben. Gegner werden geistvoll ausgetrickst.

Krebs-Hasen (22. 6.–22. 7.) geht die Ruhe über alles. Sie schließen schnell Freundschaften, weil sie vertrauensselig sind. Trübe Gedanken sind für sie Gift. Geschätzt wird vor allem ihr freundliches Wesen.

Löwe-Hasen (23. 7.–23. 8.) sind etwas zwiespältig. Auf der einen Seite drängen sie nach oben, auf der anderen gönnen sie auch anderen den Platz an der Sonne. Aber man sollte sich nicht mit ihnen anlegen.

Jungfrau-Hasen (24. 8.–23. 9.) sind meist übervorsichtig, typische Angsthasen, wenn es gilt, sich im Leben durchzusetzen. Trotzdem zwingen sie manches unter ihren Willen. Das macht ihr wacher Geist, ihr Finanzgenie.

Waage-Hasen (24. 9.–23. 10.) sieht man gern. Es ist allerdings möglich, dass sie durch ihren Redeschwall langweilen. Sie sind sanftmütig und die Erfinder wunderschöner Ausreden, wenn man ihnen auf die Schliche kam.

Skorpion-Hasen (24. 10.–22. 11.) ziehen alle in ihren Bann. Äußerlich ruhig und freundlich, können sie eine Energie entfalten, die Berge versetzt. Es ist nicht ratsam, ihnen Paroli zu bieten.
Schütze-Hasen (23. 11.–21. 12.) haben von allen Hasen den meisten Erfolg. Sie kommen auch leichter über Schicksalsschläge hinweg als ihre ängstlicheren Hasen-Brüder. Das Glück fällt ihnen meist in den Schoß.
Steinbock-Hasen (22. 12.–20. 1.) ziehen ihren Freundeskreis ganz eng. Sie sind sehr arbeitsam und gründlich. Man muss ihnen viel Lob spenden, um sie bei guter Laune zu halten. Sie sind leicht gekränkt.
Wassermann-Hasen (21. 1.–19. 2.) sind sehr egozentrisch, obwohl sie anderen gegenüber stets ein offenes Herz und eine offene Hand haben. Man sollte sie gewähren lassen, dann hat man in ihnen hilfsbereite Freunde.
Fische-Hasen (20. 2.–20. 3.) suchen nach Gesellschaft. Man liebt sie, aber man neckt sie auch, und das mögen sie nicht leiden. Zum Erfolg muss man sie antreiben, denn sie haben nur wenig Durchsetzungsvermögen.

Die Partner des Hasen

Ratten machen nicht alles mit Gefühl. Das stört Hasen. Ratten müssten schon sehr in sich gehen, um den Hasen restlos zufrieden zu stellen.
Büffel werden sich mit dem Hasen gut vertragen. Für beide ist die Familie der sichere Hort, in den man sich zurückziehen kann, wenn es draußen zu sehr stürmt.
Tiger und Hasen sind verschiedene Welten. Der eine ist kraftvoll,

der andere gemütvoll – Gegensätze, die sich auf Dauer immer weniger anziehen.

Hasen unter sich bekommen höchstens mal Streit ums liebe Geld. In ihrem gepflegten Heim aber gibt es viele Schmuseecken, in denen Hasen ihren Überschuss an Gefühl abreagieren können.

Drachen sind gut für den liebeshungrigen Hasen, der den Esprit des Drachen bewundert und sich an der Seite des Stärkeren sehr wohl fühlt.

Schlangen wickeln den Hasen mit sehr viel Liebe ein. Im Sex stehen beide auf einer Stufe. Ob das reicht, wird sich zeigen, wenn die Schlange auf Abwege schleicht.

Pferde sind sehr von sich überzeugt und fühlen sich Hasen gegenüber erhaben. Außerdem brauchen Pferde viel Auslauf, Hasen dagegen hocken lieber in ihrem Bau.

Ziegen vertragen sich mit dem Hasen am besten, weil sie auch einfühlsam und häuslich sind. Auf die Dauer aber könnten sie sich anöden.

Affen bringen Leben ins Hasen-Haus. Und der Hase lässt sich's gefallen. Ihn heitert der Affe auf, und das braucht nun mal so ein gemütvoller Hase als lebenswichtiges Elixier.

Hähne machen gern von sich reden und übersehen das Häslein, das sich an ihrer Seite kuscheln möchte. Sie müssten sich schon sehr ändern, um lieb Kind bei dem Hasen zu werden.

Hunde brauchen ebenso viel Liebe wie Hasen. Das garantiert eine haltbare Verbindung. Nur wenn der Hund kläfft, schmollt der Hase.

Schweine bringen den Hasen Glück. Wenn zwei so gleich geartete Seelen zueinander finden, kann das für ein ganzes Leben in Frieden sein.

Der geistvolle Drache

3.2.1916	–	22.1.1917
22.1.1928	–	8.2.1929
8.2.1940	–	26.1.1941
26.1.1952	–	13.2.1953
13.2.1964	–	2.2.1965
31.1.1976	–	17.2.1977
17.2.1988	–	5.2.1989
4.2.2000	–	24.1.2001

Um es gleich vorwegzunehmen: Der Drache ist fabelhaft in des Wortes eigentlicher Bedeutung. Man spricht von ihm, man ist ihm zugetan, aber in Wirklichkeit kann man ihn nicht recht fassen. Er schwebt eine Etage höher als alle anderen. Manchmal im Wolkenkuckucksheim, der Sonne am nächsten.

Das Zeichen des Drachen bringt Glück, doch ach, wie so trügerisch ist dieses Glück. Die unter diesem Zeichen geborenen Menschen werden es merken. Es wird ihnen zwar nie so ganz schlecht gehen, aber oft sahen sie schon wie der strahlende Sieger aus, um in letzter Sekunde durch eigene Unachtsamkeit technisch knockout zu gehen. Drachen sind geistvolle, hochbegabte und liebenswerte Menschen. Der Erfolg fliegt ihnen zu. Sie sind harte Arbeiter, haben Köpfchen und viel Erfindergeist. Man kann sie überall einsetzen. Sie werden den Laden umkrempeln, modernisieren, hochbringen. Aber sie werden sich nicht unterordnen. Drachen wollen für sich selbst stehen. Dass ihre Entscheidungen richtig sind, braucht man ihnen nicht zu sagen – ein Drache hat immer Recht!

Die Mitmenschen werden es bestätigen: Der Drache ist ihnen über, sein Verstand ist ultrakurz geschaltet, die Wellenlänge stimmt. Das bringt die Drachen nach oben. Sie werden nicht lange im Großraumbüro schuften müssen, ein Chefzimmer steht schon für sie parat. Sie werden sich in den Parlamenten kaum als Hinterbänkler ruhig verhalten, sie wollen mitsprechen, wenn sie sich aufs politische Glatteis begeben haben.

Drachen haben den siebten Sinn für Geschäfte, glänzen aber auch auf künstlerischem Gebiet und in fast allen freien Berufen. Das gilt auch für Drachen-Frauen, die sich nicht erst zu emanzipieren brauchen. Sie streben spielend in die beste Gesellschaft, und sei es durch eine reiche Heirat.

Geist, Tatkraft und eine gute Portion eiserner Wille sind die Attribute eines Drachen. Es ist aber nicht zu übersehen, dass diese auch gewisse Schwächen im Gefolge haben. Wer solche Eigenschaften hat, wird stets nach vorn schauen – aufs große, erstrebenswerte Ziel. Dazu braucht er jemanden neben sich. Gehilfen, Leute, die arbeiten, wenn er selbst denkt und lenkt. Diese werden ihn bewundern, aber auch beneiden. Und sie werden falsche Ratschläge geben, listig ein Ränkespiel treiben, das des Drachen hoher Intelligenzquotient nicht erfassen kann, weil es einfach nicht auf seiner Wellenlänge liegt. Daher kommen dann die Enttäuschungen.

Verschweigen wir auch nicht, dass Drachen sich oft selber schlagen mit ihrem ungestümen Wesen, mit gar nicht böse gemeinten Worten, die übers Ziel hinausschießen. Das macht sie menschlich und holt sie ins Diesseitige zurück.

Drachen sind Siegernaturen in der Liebe. Nicht dass sie Sexprotze wären! Nein, man fliegt ihnen zu, weil sie das gewisse Etwas besitzen, das den Partner geheimnisvoll anzieht.

Drachen-Männer schnuppern oft an dieser und jener Blüte, knicken diese und jene Blumen, die sich gern in die Vase stellen lassen, um ihm, dem Einzigen, zu gefallen. Doch das, was Liebe schien, welkt schnell dahin. Der Drache ist nicht allzu treu und lässt ein arg gerupftes, geknicktes Etwas zurück. Am liebsten bliebe er Junggeselle, doch können listige Weibchen einen Riegel vor solch egoistisches Wollen schieben.

Auch die Drachen-Frau ist heiß begehrt. Die Männer ihrer Wahl werden sie kaum eifersüchtig finden – es stehen ja genügend bei ihr an. Und wenn's der eine nicht ist, könnte es ein anderer sein, dem man seine huldvolle Gunst erweist. Drachen-Frauen umgibt noch mehr als Drachen-Männer das Flair süßer Geheimnisse. Enttäuschungen kennt die Drachen-Frau nicht, Liebeskummer noch weniger. Verflossenes wird als Affäre abgebucht – wie schön, dass man wieder einmal um eine Erfahrung reicher wurde.

Glauben Sie nun ja nicht, Drachen-Menschen seien oberflächlich. Für sie ist die Liebe eben nur das Rankwerk des Lebensgebäudes, das man sich selbst baut. Die Karriere geht vor, der Beruf ist die Hauptsache. Aber nach Feierabend ist Zeit zum Schmusen. Abschalten nennt man das. Verstehen Sie jetzt, warum viele Drachen der himmelhoch jauchzenden, zu Tode betrübten Liebe nicht fähig sind? Der Partner, den sich der Drache erwählt hat, müsste viel Verständnis aufbringen, viel Mutterwitz haben, den Geistesblitzen des Drachen folgen und mithalten können in Streitgesprächen. Aber er sollte auch ein wenig aufblicken zu dem geheimnisvollen, aus der Legende entsprungenen Wesen, das ja gar nicht das feuerspeiende Ungetüm ist, zu dem es Menschen machten, das vielmehr auch ein Herz hat – irgendwo unter dem dicken Panzer, der es schützt, der aber auch Distanz halten lässt, drei Schritte vom Leib.

Der Drache vom Widder bis zu den Fischen

Widder-Drachen (21. 3.–20. 4.) stürmen schnurstracks auf das lockende Ziel zu, weshalb man gerade ihnen die meisten Hindernisse in den Weg stellt. Das lässt sie Umwege machen, zehrt aber auch an ihren Nerven.

Stier-Drachen (21. 4.–20. 5.) sind am ehesten noch zu zähmen. Sie halten viel von Familie und eigenem Heim. Sie basteln gern und mit viel Geschick, und manchmal kommt dabei die große Erfindung heraus.

Zwillinge-Drachen (21. 5.–21. 6.) lachen gern über sich und andere. Sie sind tolerant, aber nicht sehr zuverlässig. Sie können von heute auf morgen ihre Meinung ändern. Ihr bester Zug: Sie sind gutmütig.

Krebs-Drachen (22. 6.–22. 7.) überlegen viel, handeln mit Bedacht und kommen trotzdem ans Ziel. Sie sind in sich gekehrt, aber dennoch aufgeschlossen für die Sorgen und Nöte ihrer Freunde, die ihren Rat brauchen.

Löwe-Drachen (23. 7.–23. 8.) sind zum Herrschen geboren, und das lassen sie ihre Umgebung spüren. Sie sind die Unabhängigsten unter den Drachen, oft aber auch – leider! – die Unbeherrschtesten.

Jungfrau-Drachen (24. 8.–23. 9.) führen um jeden Preis durch, was sie einmal als richtig erkannt haben. Sie halten sich nie lang bei der Theorie auf, ihr Metier ist die praktische Durchführung ihrer exakten Pläne.

Waage-Drachen (24. 9.–23. 10.) werden sehr umworben, aber hinter ihren vielen Worten verbergen sie oft eine gewisse Unsicherheit. Als Künstler werden sie ihren Weg machen, als Chefs sind sie beliebt.

Skorpion-Drachen (24. 10.–22. 11.) speien Feuer und halten ihre Umgebung in steter Unruhe. Wenn sie sich in etwas verbissen haben, kommen sie selten schnell davon los. Das trübt auch ihren Blick hin zum Ziel.

Schütze-Drachen (23. 11.–21. 12.) erstreben des Lebens Schokoladenseite, auf die sie auch meistens fallen. Nebenbuhler räumen sie mit Gewalt aus dem Weg. Ansonsten aber sind sie umgänglich und liebenswert.

Steinbock-Drachen (22. 12.–20. 1.) brauchen viel Liebe, aber es ist möglich, dass sie diese nicht danken, weil sie auf dem Weg zu Glück und Reichtum vergesslich werden. Sie zögern und bedenken mehr als andere Drachen.

Wassermann-Drachen (21. 1.–19. 2.) denken messerscharf. So leicht kann man ihnen kein X für ein U vormachen. Sie stellen sich schützend vor die Kleinen und legen sich mit den Großen an. So machen sie Karriere.

Fische-Drachen (20. 2.–20. 3.) setzen das verstandesmäßig Erarbeitete in die Tat um. Sie finden immer wieder Mäzene, die sie fördern. Glück ist für sie Mittel zum Zweck, auf der Lebensbahn weiterzukommen.

Die Partner des Drachen

Ratten sind leidenschaftliche Drachen-Partner. Sie erfinden immer neue Liebesspiele und können dem Drachen auch im außerintimen Bereich manche Stütze geben.

Büffel können noch sturer sein als Drachen. Hier liegt der Zündstoff für eine dauerhafte Bindung, obwohl der Drache des Büffels praktische Bedächtigkeit durchaus schätzt.
Tiger sind zupackend und temperamentvoll. Das mag der Drache. Er stachelt den Tiger sogar zu noch größeren Taten an. Wenn diese gelingen, war es des Drachen Werk.
Hasen haben nicht viel von dem, was einen Drachen auszeichnet. Aber sie können dem Drachen jenen Frieden schenken, nach dem er sich im hetzereichen Alltag sehnt.
Drachen unter sich werden eine auf gegenseitiger Achtung und geistvoller Zuneigung bestehende Gemeinschaft bilden. Nur treffen sich die beiden nicht so oft.
Schlangen können einen Drachen durch ihre elegante Art überzeugen. Schlange und Drache werden ein Leben im Wohlstand führen, weil jeder den anderen immer wieder zu neuen Taten antreibt.
Pferde sind meistens so ungestüm wie Drachen, darum findet man in einer solchen Verbindung sehr viel Lebenserfolg. Manchmal hält sie allerdings nicht lang.
Ziegen werden nur selten Partner des feurigen Drachen, der sie meist am Wegesrand übersieht. Wenn sich beide aber gefunden haben, ergibt sich durchaus Dauerhaftes.
Affen könnten die besten Lebenspartner des Drachen sein, wenn sie sich bemühen würden, etwas ruhiger zu werden. Für beide ist Sex wichtiger Teil des Lebens.
Hähne sind stolz auf ihre Drachen, denen so etwas schmeichelt. Langeweile wird in einer solchen Verbindung kaum aufkommen, eher wird's zu turbulent.
Hunde beißen sich mit dem Drachen – zu unterschiedlich sind beider Veranlagung. Möglich, dass solche Gegensätze sich zunächst anziehen, aber ob das auf die Dauer genügt?

Schweine bewundern den Drachen besonders, weil er zupackend das Leben meistert. Schwein und Drache haben beide Freude an genussvollem Leben.

Die schlaue Schlange

23.1.1917	–	10.2.1918
9.2.1929	–	28.1.1930
27.1.1941	–	14.2.1942
14.2.1953	–	2.2.1954
3.2.1965	–	20.1.1966
18.2.1977	–	6.2.1978
6.2.1989	–	25.1.1990
25.1.2001	–	12.2.2002

Schlaue Schlangen gibt es wie Sand am Meer. Sie haben oft den sechsten Sinn und sagen manchmal gezielt voraus, was in den nächsten Stunden, Tagen oder Monaten geschehen könnte. Wen sie mögen, dem versprechen sie Gutes, wer ihnen zuwider ist, den verfolgen sie mit dem bösen Blick. Schon mancher Schlangen-Gegner stolperte vor dem Ziel, nur weil eine Schlange es ihm wünschte.

Um es hier gleich zu sagen: Schlangen sind nicht falsch, sie verführen auch nicht mehr wie einst Adam oder Eva zum Sündenfall. Sie sind nur schlau, was so viel heißen will wie trickreich und weise in einem. Wenn sie sich ein Ziel gesetzt haben, werden sie es erreichen, mit Klugheit, mit List und mithilfe von wohlgesonnenen Gönnern, die Schlangen an ihrem Busen nähren.

Man sieht schon: Die Schlangen bringen es zu etwas im Leben. Sie sind nicht unbedingt die Fleißigsten, aber vielleicht die Hartnäckigsten, wenn es gilt, die Treppe zum Erfolg emporzusteigen. Meist geht alles glatt, denn schlaue Schlangen wissen, wo sie am meisten leisten können und wo man sich am wenigsten die Finger schmutzig macht. Da sie es vorzüglich verstehen, sich auf jeden Menschen einzustellen, ihm mit Rat und Tat zur Seite zu stehen, eignen sie sich vor allem als Pädagogen und Hochschullehrer, als Psychologen und Psychiater. Sie sind auch vor Gericht als wortstarke Vertreter gegen jedwedes Unrecht zu finden, pauken aber manchmal auch jenen heraus, der vielleicht doch ein wenig Dreck am Stecken hat. Schlangen spielen gern und haben auch meist eine glückliche Hand. Sie versuchen, die Kugeln mit den Lottozahlen so in die Röhrchen zu zwingen, dass sie mit den von ihnen angekreuzten Zahlenkästchen übereinstimmen.

So findet man denn auch manche Glücksritter unter den Schlangen, manchen Star von Bühne, Film und Fernsehen, aber auch manchen Kartenschläger, Hellseher oder geschäftstüchtigen Astrologen, der die Sterne in seinem Sinn zurechtrückt.

Schlangen-Frauen machen überdies meist eine reiche Heirat, um das Existenzminimum zu sichern, das eine gut aussehende Dame nun einmal braucht. Denn schick und elegant wollen Schlangen-Frauen durchs Leben schreiten; sie wollen ihre Schönheit, ihre anmutigen Formen mit modischen Accessoires unterstreichen. Und sie wollen auf alle Männer wirken, nicht nur auf den eigenen Mann allein.

Damit ist schon gesagt, dass die in einem Schlangen-Jahr Geborenen mit der Liebe spielen können. Sie vereinnahmen den, der ihnen gefällt, als Eigentum. Wehe, sie hätten selbst Grund zur Eifersucht! Im umgekehrten Fall erwarten sie Großzügigkeit – wie kann man auch eine Schlange betrügen?! Im Laufe eines Schlangen-Lebens gibt es einigen Grund zu der Annahme, dass man es mit der Treue nicht gar so genau nimmt. Jedenfalls hält noch immer eine Schlange den Weltrekord im Seitenspringen!

Dabei sind die Schlangen ihrem ganzen Wesen nach eigentlich für die Ehe wie geschaffen. Sie sind die besten Familienväter, die verständigsten Mütter und Ehekameraden, wenn man großzügig darüber hinwegsieht, dass die im Zeichen Schlange Geborenen auch nur Menschen von Fleisch und Blut sind. Sie sind selbstkritisch genug, Fehler einzugestehen unter dem Motto: Welcher Mensch macht keinen Fehler? Nur bei anderen sind sie halt nicht ganz so einsichtig. Und das macht die Schlangen zu den schwierigen Geschöpfen auf Gottes weiter Erde. Trotz allem: Schlangen muss man lieben. Und darum sehen auch glückliche Schlangenbesitzer über manche Unarten hinweg.

Schlangen reden nicht viel, aber ihr Temperament treibt sie oft in die falsche Richtung. Dann gehen sie hoch, verstehen alles falsch und hacken so lange auf dem Gegenstand ihres Unmuts herum, bis dieser kleiner und kleiner wird und schließlich nicht mehr gesehen ward. Das macht das Zusammenleben mit den Schlange-Geborenen für Stunden zur Qual, aber nur für Stunden! Schlangen vergessen schnell – besonders, wenn sie jemanden mögen. Sie helfen ihm, wo sie nur können. Nur mit dem Geld sind sie etwas knauserig; guter Rat tut's doch auch – oder ist da jemand anderer Meinung?

Damit sind wir bei einem Kapitel angelangt, bei dem Schlangen keinen Spaß verstehen: bei den Finanzen und sicheren Werten. Schlangen sind nicht geizig, aber auch nicht so freigiebig, dass sie das letzte Geld vom eigenen Sparbuch abheben können, um anderen damit aus der Patsche zu helfen.

Vieles vom Besitz einer Schlange sind ererbte Werte, im Spiel Gewonnenes, oft auch Erspekuliertes. Man ist im Zeichen Schlange eben doch ein wenig aufs Glück angewiesen, das sich in einem langen Leben dann auch immer wieder mal einstellt, damit man das ach so geliebte eigene Heim einrichten kann mit dem Luxus, den Schlangen brauchen, um glücklich zu sein.

Die Schlange vom Widder bis zu den Fischen

Widder-Schlangen (21. 3.–20. 4.) schlängeln sich nicht bedächtig durchs Leben, sie gehen ran und arbeiten mit viel Energie an der eigenen Karriere. Ihr heftiges Temperament spielt ihnen trotz allem so manchen Streich.
Stier-Schlangen (21. 4.–20. 5.) bringen Unruhe ins Leben derer, die sie lieben. Ihr Temperament schlägt Purzelbäume. Wo andere geduldig abwarten, schlagen sie mit Vehemenz zu. Und das bringt ihnen viel Erfolg.
Zwillinge-Schlangen (21. 5.–21. 6.) denken messerscharf – an den eigenen Vorteil. Sie sind die großen Verführer unter den Schlangen. Stets unzufrieden mit dem Erfolg, wollen sie immer noch mehr erreichen.
Krebs-Schlangen (22. 6.–22. 7.) möchten am liebsten als Rentner mit hoher Pension geboren sein. Da das nicht geht, lassen sie andere für sich arbeiten und kommen so selbst weiter. Sie sind verträglich und tolerant.
Löwe-Schlangen (23. 7.–23. 8.) lassen sich nicht unterkriegen. Sie setzen alles durch, was sie einmal als richtig erkannt haben. Ihr scharfer Verstand bringt sie weiter als ihr handwerkliches Können.
Jungfrau-Schlangen (24. 8.–23. 9.) sehen jedes verborgene Stäubchen. Sie sind pedantisch, obwohl sie Großes leisten könnten, wenn sie nicht gar so viel bedächten. Sie streben nach totaler Sicherheit.
Waage-Schlangen (24. 9.–23. 10.) schlagen alle in ihren Bann. Nur

hat man das Gefühl, sie meinten es nicht allzu ehrlich. Von allen Schlangen hoffen sie am meisten auf das Glück, denn Arbeit ist nicht ihre Stärke.

Skorpion-Schlangen (24. 10.–22. 11.) üben oft an sich selbst die meiste Kritik, von daher kommen sie weiter, machen Karriere. Sie überzeugen durch Charme. Solche Schlangen muss man lieben.

Schütze-Schlangen (23. 11.–21. 12.) lieben das Geld, aber auch ein schönes Zuhause. Sie können die Ellenbogen kräftig gebrauchen, wenn es gilt, einen Nebenbuhler aus dem Weg zu räumen. Trotzdem sind sie beliebt.

Steinbock-Schlangen (22. 12.–20. 1.) verfolgen hartnäckig ihr Ziel. Haben sie es erreicht, gehen sie schon auf das nächste los. Klug berechnend sind sie auch in der Liebe: Wen sie lieben, den besitzen sie!

Wassermann-Schlangen (21. 1.–19. 2.) haben den sechsten Sinn. Aber ihr Blick in die Zukunft schlägt oft zu negativ aus. Sie haben skurrile Einfälle.

Fische-Schlangen (20. 2.–20. 3.) sind oft zu verspielt. Sie diskutieren gern. Wenn sie den Beruf nach ihren Wünschen planen können, werden sie viel im Leben erreichen. Sie machen alles mit Gefühl.

Die Partner der Schlange

Ratten geben der Schlange oft nach, und dann kann manches, was da zwischen den beiden unausgesprochen brodelt, besänftigt werden.

Büffel stecken mit ihrer ruhigen Art auch die Schlange an. Der Büffel wird die Schlange mit Macht zu besitzen suchen.

Tiger verdrehen der Schlange mit ihrer rasanten Art den Kopf.

In Liebe und Sex sind beide auf einem Dampfer. Nur mögen es Tiger gar nicht, wenn ihre Schlange mit anderen flirtet.

Hasen sind nicht so ohne, wenn es gilt, eine Schlange zu erobern und in ihren wohnlichen Bau einzuquartieren. Leider schlängeln sich Schlangen da manchmal wieder hinaus.

Drachen lassen sich um den Finger wickeln, wenn man ihnen nur ein wenig entgegenkommt. Das gelingt der Schlange meist vorzüglich.

Schlangen unter sich machen sich das Leben schwerer, als es eigentlich ist. Beide schauen oft zur Seite, wo andere bei Schlangen Schlange stehen.

Pferde können ideale Partner für die Schlange sein, wenn sie ihr Temperament etwas zügeln und sich nicht der Schlange überlegen zeigen.

Ziegen stellen gewisse Ansprüche an das Leben, die eine Schlange nicht unbedingt erfüllen kann. Man müsste etwas auf die hohe Kante legen, um miteinander glücklich zu werden.

Affen sorgen dafür, dass das Leben von der leichten Seite genommen wird. Das machen Schlangen gerne mit, sie sind aber möglicherweise am Ende die Hereingefallenen.

Hähne sind im Sex den Schlangen ebenbürtig. Das reicht oft für ein Leben zu zweit, jedoch sind außereheliche Eskapaden durchaus möglich

Hunde wollen treu sein, erwarten aber auch von ihrem Partner bedingungslose Treue. Ob da die Schlange mitziehen kann, wird sich erst noch erweisen müssen.

Schweine können an der Seite der Schlange manches erreichen, von dem sie bisher nur träumten. Der Honigmond dauert jedoch nicht sehr lange zwischen zwei so gegensätzlichen Typen.

Das ungeduldige Pferd

11.2.1918	–	30.1.1919
29.1.1930	–	16.2.1931
15.2.1942	–	3.2.1943
3.2.1954	–	23.1.1955
21.1.1966	–	8.2.1967
7.2.1978	–	27.1.1979
26.1.1990	–	13.2.1991
13.2.2002	–	2.2.2003

Geduld ist nicht der Pferde Stärke. Sie wollen ungestüm nach vorn galoppieren und – nicht nach rechts und nach links schauend – die Hindernisse stürmend nehmen. Leichter Trab ist nach ihrer Meinung nur etwas für müde, alte Ackergäule.

Im Jahr des Pferdes geborene Menschen haben das Herz auf dem rechten Fleck. Sie sind humorvoll, den schönen Künsten aufgeschlossen und vielseitig begabt. Sie reden gern, man hört ihnen aber auch gern zu, selbst wenn nicht alles der Weisheit letzter Schluss ist, was sie da so von sich geben.

Der Pferde beredtes Wesen macht sie fürs Parlament reif. Doch auch mancher Straßenverkäufer, der Billigware in schmückenden Worten anpreist, wurde im Zeichen des Pferdes geboren.

Manche Pferde sind lärmend laut. Sie wollen auf sich aufmerksam machen, damit man sie als die besten der Herde heraussucht und ihnen den Stall gibt, der ihnen zukommt: hochherrschaftlich und vor allem mit viel Futter.

Pferde lieben die Freiheit über alles, und es ist möglich, dass dieses Streben von ihren Zeitgenossen als Egoismus ausgelegt wird. Tatsächlich finden sie sich am besten in Berufen zurecht, in denen sie auf sich gestellt sind, als Arzt oder freischaffender Künstler, Forscher oder Mondfahrer, Entwicklungshelfer oder Facharbeiter, Finanzfachmann oder – wir sagten es schon – als Politiker.

Pferde-Frauen haben dieselben Ambitionen. Sie wissen sich mit weiblicher Schläue in Szene zu setzen und helfen mit Puder und Schminke nach, wo die Natur zu blass wirkt.

Der Pferde Rennbahnen sind Partys, Empfänge und Gala-Diners. In Gesellschaft fühlen sich Pferde wohl, hier können sie sich in den Vordergrund spielen.

Es treibt sie immer wieder hinaus aus den eigenen vier Wänden in die freie Wildbahn, wo sie jagen und rennen können nach den lockenden Zielen. Ist mal ein Hindernis zu hoch, verweigern sie es und machen kurz vor dem Ziel halt – es gibt ja auch noch andere Ziele, warum muss es gerade dieses eine sein?

Kein anderer Mensch ist so selbstbewusst wie der im Zeichen Pferd geborene, keiner so abenteuer- und reiselustig. Er liebt das Neue, das Unbekannte, und wenn er auch Gefahr wittert, stürzt er sich trotzdem hinein ins große Wagnis. Irgendwie wird man schon durchkommen, man ist ja schneller als alle anderen!

Ein Pferd will stets gestriegelt sein. Mit anderen Worten: Man geht mit der Mode, kreiert sie sogar. Selbst in verwaschenen Jeans sieht eine Pferde-Dame noch schick aus, das macht ihr Figürchen, die Haltung, das Talent, aus allem etwas zu machen.

Auch in der Liebe gehen Pferde aufs Ganze. Haben sie einmal Feuer gefangen, wird es bald zur flammenden Lohe. Dann vergessen sie alles um sich herum, manchmal sogar die eigene Karriere. Liebe ist für viele Pferde die Leidenschaft, die Leiden schafft.

In der Ehe sind Pferde stets der dominierende Teil. Wehe, der Partner erweist ihnen nicht die genügende Reverenz! Man muss für sie da sein, wenn sie müde vom Gala-Empfang nach Hause kommen, man muss für sie zittern, wenn sie sich tollkühn ins große Wagnis stürzen. Manchmal ist das Pferd jedoch nicht für den Partner da. Das liegt an seiner Nachtseele, in der auch Unzuverlässigkeit verzeichnet ist und Taktlosigkeit. Pferde lachen gern und machen ihre Späße, die aber immer nur andere zum Ziel haben; man selbst ist ein Kräutchen Rührmichnichtan. Leicht schnappen sie ein. Dann sind sie übel gelaunt und lassen es die Umwelt deutlich spüren.

Zum Geld haben Pferde eine gesunde Einstellung; sie lassen den Rubel rollen. Meist bleibt eine tüchtige Portion davon hängen, die sie geschickt anzulegen wissen. So kommen sie mit den Jahren zu Wohlstand und Ansehen, und das trägt ihrem Geltungsbedürfnis Rechnung: Schließlich ist man doch wer!

Pferde sind großzügig, sie können viel verschenken an den, den sie mögen. Wer ihnen zuwider ist, kann von ihnen kaum etwas erwarten – außer vielleicht kalten Hohn und beleidigende Worte. Das ist ihre schwache Seite.

Man sollte sich hüten, sich mit Pferden anzulegen. Ihr Wortschatz ist zu reich, als dass sie nicht letztendlich triumphieren würden. Nur wenn sie in Wut geraten, zeigen sie Blößen, dann können sie in ihrer Argumentation zu weit gehen und vor den Kadi zitiert werden, wegen Beleidigung oder Nötigung. Im Allgemeinen haben sie sich jedoch in der Gewalt und wenden das Blatt zu ihren Gunsten.

Lässt man den Pferden Auslauf und Freiheit, werden sie das dankbar quittieren mit guter Freundschaft und hilfsbereiter Anhänglichkeit. Man kann das sogar bis zu einem gewissen Grad ausnutzen.

Pferde sollten lernen, Geduld zu üben und nicht gar so ungestüm die Mitmenschen mit den eigenen Problemen zu konfrontieren. Sie sollten sich nie blindlings in ein Abenteuer stürzen und die Welt erobern wollen. Und sie sollten auch mal andere zu Wort kommen lassen.

Besonders erfolgreich sind alle, die im Jahr des Feuerpferdes geboren wurden, also in den Jahren 1906 und 1966. Bei ihnen treten aber oft auch die von uns beschriebenen negativen Seiten besonders krass zutage. Und dann ist für Gegner Gefahr im Verzug!

Das Pferd vom Widder bis zu den Fischen

Widder-Pferde (21.3.–20.4.) lieben das eigene Ich über alles, schließen darin aber auch den ein, der ihnen besonders nahe steht. Sie sind unermüdliche Kämpfer und wollen ihren Weg um jeden Preis machen, was Gefahren birgt.
Stier-Pferde (21.4.–20.5.) sind Finanzgenies. Ihre Abenteuerlust hält sich in Grenzen, ihr Temperament ist gezügelt. Nur hier und da brechen sie aus, aber dann gleich so, dass alle Fetzen fliegen.
Zwillinge-Pferde (21.5.–21.6.) scheuen manchmal vor den Hindernissen, die man vor ihnen aufbaut. Aber sie beginnen stets von neuem und setzen sich durch – zur Not auf Kosten anderer. Sie sind etwas wankelmütig.
Krebs-Pferde (22.6.–22.7.) muss man lieben. Sie haben mehr Gefühl als andere Pferde, sind auch nicht so polternd in ihrer Art. Sie haben Sinn für feste Werte und bringen es meist zu einigem Wohlstand.
Löwe Pferde (23.7.–23.8.) fahren aus der Haut, wenn man nicht vor ihnen kuscht. Sie lieben den Kampf und werden als Sieger her-

vorgehen, koste es, was es wolle. Das Zusammenleben mit ihnen ist nicht immer allzu leicht.

Jungfrau-Pferde (24. 8.–23. 9.) liegt die Mathematik, sie rechnen sicher den eigenen Erfolg aus. Sie sind beliebt, auch wenn sie hier und da jene hereinlegen, die glaubten, ihre besten Freunde zu sein.

Waage-Pferde (24. 9.–23. 10.) sind charmant und – wie es scheint – einfühlsam, aber sie setzen immer ihren Kopf durch. Ihre Abenteuerlust – ob Frau oder Mann – beschränkt sich oft nur aufs Erobern des anderen Geschlechts.

Skorpion-Pferde (24. 10.–22. 11.) können in der Liebe blindlings ins Verderben rennen. Im Beruf macht ihnen keiner etwas vor. Haben sie einmal etwas als richtig erkannt, gehen sie nie und nimmermehr davon ab.

Schütze-Pferde (23. 11.–21. 12.) sind hartnäckig in der Verfolgung eines Zieles. Niemand wird sie aufhalten, zumal sie im Allgemeinen fleißiger sind als ihre Konkurrenten und meist auch früher aufstehen als diese.

Steinbock-Pferde (22. 12.–20. 1.) lassen sich meist noch zusätzliche Hindernisse aufbauen, um zu beweisen, wie viel sie leisten können. Stürze lassen sich da nicht vermeiden, aber man lernt ja aus eigenen Fehlern.

Wassermann-Pferde (21. 1.–19. 2.) sind Stürmer und Dränger, die auf der Rennbahn des Lebens glänzend zurechtkommen. Sie verscherzen sich nur manchmal die Sympathien durch allzu großen Egoismus.

Fische-Pferde (20. 2.–20. 3.) träumen von den Abenteuern, die andere Pferde erleben. Bevor sie etwas beginnen, durchdenken sie alles genau. Das hat seine Vorteile, verlangsamt aber den geraden Weg zum Erfolg.

Die Partner des Pferdes

Ratten finden kaum zu den Pferden. Dabei könnten beide voneinander lernen: das Pferd von der Ratte, wie man charmant durchs Leben zieht, die Ratte vom Pferd, wie man das Leben in vollen Zügen genießt.

Büffel sind ebenso genusssüchtig wie Pferde. Das genügt jedoch nicht, die Temperamente anzugleichen – die langsame Stetigkeit des Büffels und die Wildheit des Pferdes.

Tiger und Pferd – das verspricht eine feurige Partnerschaft. Zusammen können die beiden Karriere machen oder untergehen, weil sie zu viel wagen.

Hasen finden das Pferd zunächst anziehend und erheiternd, bis sie die Arroganz spüren, mit der das Pferd auf Hasen herunterschaut.

Drachen lassen das Pferd so lange gewähren, bis es ihnen mit seinem Egoismus auf den Wecker geht. Trotzdem ist diese Partnerschaft erfolgreich, solange sie hält.

Schlangen schlängeln sich von selbst ins Herz des Pferdes. Aber sie nisten nur so lange darin, wie es dem Pferd gelingt, Gleichberechtigung zu üben.

Pferde unter sich machen alles im Galopp. Und man kann mit Fug und Recht behaupten, dass bei den meisten Pferde-Kopplungen alles in Ordnung ging.

Ziegen haben denselben Sinn für Romantik wie das Pferd. Sie scheinen uneigennützig dem Pferd immer zu Willen zu sein. Aber das scheint eben nur so.

Affen führen mit dem Pferd ein flottes Leben. Man liebt sich, man neckt sich und bleibt nach Möglichkeit oberflächlich. Eine nicht sehr ernsthafte Bindung.

Hähne haben das Pferd gesucht und gefunden und ziehen mit ihm durch die weite Welt, denn sesshaft sind beide nicht allzu sehr. Langeweile gibt's hier kaum, aber manchen Streit.
Hunde sind Gönner – das Pferd wird sich bei ihnen wohl fühlen. Es darf sogar mal den Sprung aus dem tristen Alltag wagen, der Hund wird's verstehen und treu bleiben.
Schweine lieben die Bequemlichkeit, Pferde des Lebens aufregendste Seiten. Da passt nicht viel zusammen – wenn nicht die Liebe wäre, die beide trotz aller Gegensätzlichkeiten füreinander empfinden.

Die artige Ziege

31.1.1919	–	18.2.1920
17.2.1931	–	5.2.1932
4.2.1943	–	24.1.1944
24.1.1955	–	10.2.1956
9.2.1967	–	28.1.1968
28.1.1979	–	15.2.1980
14.2.1991	–	2.2.1992
3.2.2003	–	20.1.2004

Ziegen geben sich nach außen hin artig und liebenswürdig. Solange es ihnen gut geht, sind sie fröhlich und unbekümmert. Man muss sie aber hegen und pflegen, sonst könnte jener unglückselige Hang durchbrechen, der in der Nachtseele einer jeden Ziege nistet: Sie meckert so gern, kritisiert und mäkelt und ist mit nichts zufrieden. Bei vielen Ziegen bleibt dieser Hang ein Leben lang verkapselt. Dann sind sie die besten Partner, die goldigsten Ehegesponse, die anhänglichsten Mitarbeiter. Beweis für viele daher, wenn der Ziege Nachtseele zutage tritt, dass man sie nicht richtig behandelt hat, dass sie Grund hat, unzufrieden zu sein.

Wie gesagt: Man muss sie hegen und pflegen und ihr immer zur rechten Zeit das richtige Futter geben. Chefs von Ziegen wissen, was diese leisten, dass sie die Seele des Geschäfts sein könnten, ließe man sie nur in Ruhe schaffen und wirken.

Ziegen haben viel Durchsetzungsvermögen, sie führen aus, was andere planen. Da gibt es nichts auszusetzen. Nur in der Verfolgung der eigenen Karriere bleiben sie meist stecken, weil sie sich manchmal zu wenig zutrauen und an dem Posten hängen, den man ihnen wohlwollend eben gegeben hat.

Ziegen werden darum nur in Ausnahmefällen Chefs. Am besten, sie suchen sich eine Stelle auf dem Lande oder bei den staatlichen Forsten. Als Beamte entwickeln sie viel Sitzfleisch, als Handwerker sind sie zuverlässig. Sie sitzen in Ingenieur- und Planungsbüros und überall dort, wo man Mitarbeiter braucht, die logisch denken und danach handeln können.

Ziegen sind künstlerisch begabt und neigen zur Schriftstellerei, wobei sie sich manches von der Seele schreiben können. Sie sind aber auch dort zu Hause, wo manche sie nicht gern sehen: als Hausfreund oder beste Freundin.

Schlechtester Zug der Ziegen ist, dass sie sich nur schwer entscheiden können. Sie zögern oft lang, und manchmal ist dann der Zug abgefahren, die Ziege bleibt allein auf dem Bahnsteig zurück. Und muss still vor sich hin leiden.

So ist das auch in der Liebe. Ziegen sind sehr anschmiegsam, wenn sie einmal den gefunden zu haben glauben, den sie lieben könnten – ganz genau wissen Ziegen nämlich zunächst nichts! Sie versuchen es mit dem Geangelten, aber wenn sie feststellen, dass er ein müder Fisch ist, der sich nur in trüben Tümpeln wohl fühlt, nehmen sie ihn schnell vom Haken und werfen ihn dort hinein, wo er herkommt.

Finden Ziegen aber das gepflegte Heim, nach dem sie sich von früh auf sehnten, werden sie aufblühen. Ein bisschen Garten sollte dabei sein oder ein großer Wald in der Nähe. Ziegen brauchen Auslauf ins Grüne – die ewig junge Natur ist ihr Element. Sie wandern gern und nehmen ihren Partner auf jeden Fall mit – ob er nun will oder nicht will.

Ziegen helfen gern, und ihr Rat ist geschätzt in allen Lebenslagen. Sie hängen nicht am Geld, aber sie wissen es zu schätzen, wenn es ihnen nur ein wenig Wohlstand sichert, ein Nest, in dem sie sich wohl fühlen, ihre Familie ein wenig verwöhnen können. Und die von ihr Betreuten werden sich wohl fühlen.

Ziegen-Frauen sind die besten Hausfrauen und Mütter. Man kann ihnen das Bankkonto anvertrauen, sie werden die Haushaltskasse genauestens führen. Und sie werden ihrem Mann ein Schmuckkästchen als eigenes Heim bieten.

Hierin stimmen Ziegen-Männer und Ziegen-Frauen überein: Sie können sich oft verlieben, aber ihr Herz können sie eigentlich nur einmal verlieren – zu stark ist der Panzer, mit dem sie es umgeben Es muss schon jemand Besonderes sein, der ihn durchbricht! Was der Herzenspartner der Ziegen braucht, ist viel Einfühlungsgabe. Ziegen sind leicht verletzbar, man muss sie in Watte packen, ihre Launen übersehen, ihre mangelhafte Entschlusskraft durch eigene schnelle Entschlüsse aufheben. Nur dann wird man sich an ihrer Seite glücklich fühlen.

Ziegen lieben das eigene Heim, aber sie sind nie ganz zufrieden. Mit anderen nicht, aber auch nicht mit sich selbst. Sie sind von einem Augenblick auf den anderen in verschiedener Stimmung. Sind sie daheim, machen sie plötzlich dem Partner Vorwürfe, man käme ja überhaupt nicht mehr raus, nicht zum Tanzen, nicht ins Theater, nicht an den Stammtisch.

Führt er sie aus, dann können sie ihm sagen, dass es zwar ganz schön ist, mal aus dem Hause zu kommen, aber daheim sei eben daheim, und es koste auch weniger.

Ihr Leben lang bleiben Ziegen Pessimisten, ihr Optimismus beschränkt sich auf vage Hoffnungen, auf den Lotto-Gewinn, auf ein noch schöneres Heim, als man es schon besitzt, auf viele Wenn und Aber. So ganz recht kann man es ihnen nicht machen.

Mut sollte man den Ziegen machen, Mut zu schnellerem Handeln, dann könnten sie sehr viel mehr erreichen. Ziegen sollten lernen, das Leben so zu nehmen, wie es wirklich ist, und nicht Träumen nachzuhängen, wie es sein könnte. Sie sollten weniger verschlossen sein, sondern ihr Herz auch mal auf den Präsentierteller legen. Aber das hieße wohl, gegen die eigene Natur zu handeln.

Wer die wenigen Fehler, die eine Ziege hat, einfach übersieht, wird mit ihr glücklich werden. Das gelingt am besten, wenn man zuvor einen Kurs in Lebenspsychologie belegt.

Die Ziege vom Widder bis zu den Fischen

Widder-Ziegen (21. 3.–20. 4.) sind rechte Gewitterziegen. Es blitzt und donnert bei ihnen, und bei den anderen schlägt's ein. Dabei können sie manchmal so liebenswürdig und nett sein. Dann sind sie auch erfolgreich.

Stier-Ziegen (21. 4.–20. 5.) legen sich gern auf die faule Haut und sonnen sich angesichts vollbrachter Leistungen. Als anhängliche Partner werden sie geschätzt. Sie brauchen jemanden, der ihnen Mut macht.

Zwillinge-Ziegen (21. 5.–21. 6.) lachen gern und finden manches lächerlich. Sie haben viele Freunde, die sie möglicherweise nach Kräften ausnützen. Sie verschenken viel, heimsen aber noch mehr ein.

Krebs-Ziegen (22. 6.–22. 7.) hängen zu oft trüben Gedanken nach. Der kleinste Vorwurf kann sie umwerfen, weil sie alles zu persönlich nehmen. Trotzdem die besten Ziegen, hilfsbereit, liebenswert und treu.

Löwe-Ziegen (23. 7.–23. 8.) sollte man nicht necken. Ihr egozentrisches Wesen ist oft nur gespielt. Sie sind von allen Ziegen die erfolgreichsten, weil sie nur ein Ziel haben, und das weist nach oben!
Jungfrau-Ziegen (24. 8.–23. 9.) lassen sich so leicht nichts vormachen. Sie neigen zur Melancholie, wenn's mal nicht so klappt, wie sie es gern hätten. Werden sie enttäuscht, ziehen sie sich zurück.
Waage-Ziegen (24. 9.–23. 10.) sind rechte Genießer. Ihr Gerechtigkeitssinn lässt sie manchmal über das Ziel hinausschießen. Sie finden immer jemanden, den sie lieben – oft auch gleich zwei auf einmal …
Skorpion-Ziegen (24. 10.–22. 11.) wissen um die Wirkung, die sie auf andere ausüben. Man sollte sie nicht enttäuschen, denn die Skorpion-Ziege vergisst nichts. Da kann leicht aus Liebe Hass werden.
Schütze-Ziegen (23. 11.–21. 12.) sollten sich schnell an jemanden binden, der ihnen Mut macht. Ein zuverlässiger Partner kann ihnen den Rücken stärken und sie Stufe um Stufe auf der Erfolgsleiter steigen lassen.
Steinbock-Ziegen (22. 12.–20. 1.) setzen sich besser durch als andere Ziegen. Sie bringen es darum auch meist weiter. Wenn das eigene Können nicht ausreicht, hilft den Steinbock-Ziegen meist ihre rege Fantasie.
Wassermann-Ziegen (21. 1.–19. 2.) haben hochherrschaftliche Launen, obwohl sie besonders liebenswürdig sind und tiefen Eindruck auf die Mitmenschen machen können. Sie haben viele Geheimnisse.
Fische-Ziegen (20. 2.–20. 3.) sind Künstler-Typen mit allen Vor- und Nachteilen. Himmelhoch jauchzend spinnen sie großartige Pläne, um zu Tode betrübt festzustellen, dass die Praxis ganz anders aussieht.

Die Partner der Ziege

Ratten wirken auf die Ziege manchmal etwas abstoßend, und wenn sie noch so von ihnen umworben wird. In der Ratte-Ziege-Verbindung kriselt es stets ein wenig. Nur wenn beide in bestimmten Streitfällen nachgeben können, werden sie trotzdem glücklich.
Büffel wollen immer mit dem Kopf durch die Wand. Das schreckt die Ziege. Sie wiederum bekommt Launen, die den Büffel möglicherweise aus dem Haus jagen.
Tiger sind Antipoden der Ziegen. Da ist aber auch fast gar nichts gemeinsam. Tiger müssten schon viel Gefühl aufbringen, um die Ziege auf Dauer zu behalten.
Hasen haben die gleiche Wellenlänge wie die ebenso häusliche Ziege. Man redet sich gut zu, macht Pläne und führt sogar manchen davon erfolgreich aus.
Drachen lieben Ziegen sehr, wenn sie – was selten ist – einmal an eine geraten. Das machen die vielen Gegensätze! An des Drachen Seite kann die Ziege zu etwas kommen.
Schlangen werden die Führung übernehmen müssen, um die zaudernde Ziege gewissermaßen zum Glück zu zwingen. Hat man etwas erreicht, kann es eine gute Verbindung sein.
Pferde könnten die idealen Partner der Ziegen sein. Was der Ziege an Durchsetzungskraft fehlt, hat das Pferd zur Genüge, dazu romantische Gefühle.
Ziegen unter sich meckern sich manchmal gegenseitig an. Trotzdem verstehen sie sich prächtig. Über den kleinen Streitereien vergessen sie die Probleme im Alltagsleben.
Affen bringen Leben in die Bude, die von der Ziege mit Pfiff in

einen hochherrschaftlichen Salon verwandelt wird. Leider geht in dieser Verbindung oft das Geld aus.

Hähne sind auf die charmanten Ziegen stolz, wenn sie sie erobert haben. Dann aber setzt der Kampf um die Führung ein, und dem Hahn schwillt wieder einmal der Kamm.

Hunde sind der Ziege treue Paladine. Mehr nicht, aber auch nicht weniger. Sie sind oft zu direkt, und das kann die feinnervige Ziege verletzen.

Schweine finden beinahe die totale Übereinstimmung mit der Ziege. Das ist vielleicht die Liebe auf den ersten Blick, man braucht nicht lang zu suchen, um sich zu finden.

Der wendige Affe

19. 2. 1920	–	7. 2. 1921
6. 2. 1932	–	24. 1. 1933
25. 1. 1944	–	11. 2. 1945
11. 2. 1956	–	29. 1. 1957
29. 1. 1968	–	15. 2. 1969
16. 2. 1980	–	3. 2. 1981
3. 2. 1992	–	21. 1. 1993
21. 1. 2004	–	8. 2. 2005

Es gibt niemanden, der so viele Ideen hat wie der wendige Affe. Aber in seinem bewegten Leben bleibt ihm meist nicht die Zeit, alle auszuführen oder sich auch nur auf einzelne zu konzentrieren. Denn er ist sprunghaft und hält sich nie lange irgendwo auf.

Man mag allenthalben der Affen gesellige Art. Sie sind die besten Witzeerzähler, die fröhlichsten Partygänger, jederzeit zu helfen bereit. Aber hinter diesem so freundlichen Wesen stecken in Wirklichkeit oft rechte Menschenverächter, die nur sich lieben und sich jedem überlegen fühlen, auch wenn sie es gar nicht sind.

Affen sind gescheit, man macht ihnen so leicht nichts vor. Sie wissen viel und sind belesen. Man sollte sich nicht in Streitgespräche mit ihnen einlassen – Affen werden gewinnen, weil sie nur dann streiten, wenn sie sich ihres Sieges gewiss sind.

Ihnen ist jedes Mittel recht, wenn nur ein Vorteil für sie selbst dabei herausschaut. Darum flunkern sie auch manchmal, wenn ihnen das eigene Wissen nicht mehr weiterhilft. Und wenn alle

Stricke reißen, setzen sie auch mal faustdicke Unwahrheiten in die Welt. Sie sind nun mal so veranlagt.

Affen nehmen's nicht so genau. Mancher hält sie für verschlagen, aber wenn er den Beweis antreten sollte für eine solche Behauptung, würde er ins Fettnäpfchen treten: Affen kann man nichts beweisen, sie reden sich heraus, und der Kläger ist schließlich der Dumme. Die Berufswahl wird Affen nie schwer fallen. Man findet sie überall dort, wo Überzeugungskraft nötig ist – als Verkäufer, Einzelhändler oder Zeitschriftenwerber. Als Politiker und Staatsmänner machen sie Geschichte, als Hochstapler und Heiratsschwindler Geschichten. In allen geistigen Berufen fühlen sie sich wohl, und auf den Brettern, die die Welt bedeuten, wissen sie ebenso zu überzeugen.

Chefs schätzen weibliche wie männliche Affen als wahre Meister der Improvisation, als Leute, aus denen die Ideen nur so hervorsprudeln, die sich allerdings nie lange auf einem Gebiet oder an einem Platz wohl fühlen.

Durch Stellungswechsel sammeln sie Erfahrungen, die sie irgendwann einmal in ein eigenes Geschäft stecken werden, das sie über Schulden groß anlegen werden, manchmal eine Nummer zu groß. Und dann macht der Affe Pleite.

Schönster Zug an den Affen: Sie verzagen nie. Immer wieder fallen sie auf die Beine und strampeln sich allmählich wieder hoch. Rückschläge kann niemand schneller verkraften als der wendige Affe. Affen sind selten familiär, und man könnte daraus schließen, dass sie in der Liebe nie das rechte Glück haben. Dem ist aber nicht so. Ihre quecksilbrige Art macht sie überall beliebt, und das andere Geschlecht fällt todsicher darauf herein. Man führt ein lustiges Leben mit den Affen, aber es ist ein wenig oberflächlich.

Feste Bindungen möchte der Affe nicht unbedingt schnell eingehen, ihm ist ein unverbindlicher Flirt lieber als eine himmelhoch jauchzende erste Liebe. Affen-Mann wie Affen-Frau drücken sich gern vor der Verantwortung, die eine Ehe nun einmal mit sich bringt.

Treue ist nicht die starke Seite der Affen. Sie springen lieber von Baum zu Baum und holen sich dort, wonach sie begehren. Gar so schlimm sind die Affen jedoch nicht. Man kann sie mit der Zeit sogar daran gewöhnen, treu zu sein. Aber das bedarf eines langen Umdenkprozesses, an dessen Ende der Affe in einem unsichtbaren Käfig gefangen scheint. Man sollte ihm die Meinung lassen, er habe ihn sich selbst gebaut.

Affen-Väter und Affen-Mütter sind nicht gerade die fürsorglichsten. Trotzdem werden sie es den Kindern an nichts fehlen lassen. Kinder von in einem Affenjahr Geborenen werden freier erzogen als andere Kinder, und sie werden auch schneller flügge.

Affen verlieben sich oft, aber ihre Leidenschaft hält nie lange vor. So, wie sie im Beruf häufig wechseln, ist es auch in Sachen Sex. Man ist entflammt, glüht eine Zeit lang, und schließlich bleibt die Asche übrig. Verständlich, wenn Scheidungsrichter mit Affe-Geborenen viel zu tun haben.

Affen sind nur gute Freunde, solange sie selbst von dem Wert der Freundschaft überzeugt sind. Sie zeigen sich ihrer Umwelt als lustige, jederzeit zu Späßen aufgelegte Mitmenschen. Aber sie verbergen hinter ihrer Fröhlichkeit meist das eigene Ich, das nur sich selbst kennt.

Man sollte nicht unbedingt alles, was Affen tun und sagen, ernst nehmen, sondern die Oberfläche erkennen, die vom Innersten ablenkt. Man setze keine moralischen Grundsätze, wenn man einem Affen zugetan ist, sondern mache sein Spiel mit. Das könnte ihn verwirren und dahin bringen, wohin man ihn haben will: nicht unbedingt auf den Pfad ewiger Tugend, aber doch zu angenehmer Partnerschaft. Und man sollte mit dem Affen optimistisch sein, das Leben bis zur Neige kosten. Denn Affen lieben das Leben. Warum nicht auch ein fröhliches Dasein zu zweit?

Der Affe vom Widder bis zu den Fischen

Widder-Affen (21. 3.–20. 4.) lärmen gern und versuchen so, ihre Umwelt einzuschüchtern. Sie beginnen viel, sind aber nicht sehr ausdauernd. Nach häufigen Positionswechseln sind sie meistens oben angelangt.

Stier-Affen (21. 4.–20. 5.) haben den sechsten Sinn für Geld und feste Werte. Bei ihnen ist mehr Zuverlässigkeit zu erkennen als bei anderen Affen. Sie tun viel mit Gefühl. Das macht sie liebenswert.

Zwillinge-Affen (21. 5.–21. 6.) wissen sich in Szene zu setzen. Sie wechseln oft die Arbeitsstelle, den Partner, die Meinung. Ihr wahres, unruhiges Ich verstecken sie hinter meist übersprudelnder Fröhlichkeit.

Krebs-Affen (22. 6.–22. 7.) finden viele Freunde, weil sie Herz zeigen und beweisen. Nur in ihrer Nachtseele kocht es manchmal; dann Vorsicht vor diesen so gutartig erscheinenden Affen und ihrer egoistischen Zielstrebigkeit!

Löwe-Affen (23. 7.–23. 8.) stürzen sich in jedes Abenteuer und scheuen vor nichts zurück. Ihre Liebe ist Besitz ergreifend, ihr Streben nach Ruhm und Ansehen walzt alles nieder, was sich entgegenstellen möchte. Wer sie liebt, sieht darüber hinweg.

Jungfrau-Affen (24. 8.–23. 9.) sind meist zuverlässiger als andere

Affen, aber auch leicht verletzbar. Man kann sie am ehesten zähmen. Dann können sie treu und anhänglich sein, aber auch sehr launenhaft.

Waage-Affen (24.9.–23.10.) haben die Fröhlichkeit für sich gepachtet. Sie können so charmant die Unwahrheit sagen, dass man ihnen nicht böse sein kann. Sie arbeiten hart, um sich ein luxuriöses Leben zu leisten. Und der Erfolg gibt ihnen Recht.

Skorpion-Affen (24.10.–22.11.) kann man nicht immer über den Weg trauen. Sie sind zielstrebig und ohne jeden Skrupel, wenn es darauf ankommt, weiterzukommen. Als feurige Liebhaber sind sie geschätzt, in der Ehe weniger.

Schütze-Affen (23.11.–21.12.) spielen sich gern in den Vordergrund. Durch Geist und Witz überzeugen sie im Beruf. Kollegen sind von ihnen zuerst begeistert, bis sie des Schütze-Affen harte Ellenbogen spüren.

Steinbock-Affen (22.12.–20.1.) springen nicht so schnell wie andere Affen, aber ihre Gründlichkeit ist geschätzt. Sie versuchen, mit einem gewissen Ernst das Leben zu meistern. Mithilfe des Verstandes gelingt ihnen das auch.

Wassermann-Affen (21.1.–19.2.) werden oft von dem eigenen Leichtsinn überrollt. Man liebt sie, aber man hat sie nie lange für sich allein. In ihr Innerstes lassen sie sich nicht schauen. Das macht sie gefährlich.

Fische-Affen (20.2.–20.3.) spielen gern und erreichen spielerisch feste Werte. Sie haben mehr Gemüt als andere Affen und sind Meister der Überredungskunst. Wer von ihnen geliebt wird, wird an ihrer Seite fröhlich.

Die Partner des Affen

Ratten sind verspielte Wesen, und das mögen die Affen. Außerdem verstehen die Ratten die skurrilen Späße des Affen als launige Beigabe eines liebenswerten Gefährten.

Büffel sind für den springlebendigen Affen so erregend wie die Wachspuppen in einem Panoptikum. Der Büffel ist erdgebunden, der Affe dagegen klettert auf die Palme.

Tiger verstehen nicht allzu viel Spaß – vor allem nicht, wenn er mit ihnen selbst getrieben wird. Tiger und Affen streiten sich oft, feiern aber auch immer wieder liebevoll Versöhnung.

Hasen schütteln den Kopf, wenn der Affe seine Kapriolen treibt, und lachen dann doch. Beim Hasen findet der Affe das Zuhause, das ihm die Welt offen hält.

Drachen enttäuschen den Affen in Sachen Liebe nie. Es könnte nur zu unruhig hergehen in dem Drachen-Affen-Haus, dann müsste eben einer die Notbremse ziehen.

Schlangen sind für den Affen vielfach eine Nummer zu groß, was das Hochgeistige angeht. Mit Witz allein kann man eben einer Schlange nicht beikommen.

Pferde spielen mit dem Affen gern, auch jene intimen Lust-Spiele, die vor dem Traualtar enden. Man sollte beiden wünschen, dass der Honigmond ewig anhalte.

Ziegen können den Affen oftmals nicht riechen, weil er zu oberflächlich ist. Könnte er ihnen ein gepflegtes Heim bieten, würde schon manches besser gehen.

Affen unter sich lieben sich heiß und erfinden immer neue Liebesspiele. Sie sollten nur nichts übertreiben und zur rechten Zeit auf des Lebens Ernst schalten.

Hähne werden vom Affen regelrecht gerupft, am Spieß gegrillt und vernascht. Das Komische: Der Hahn lässt sich's gefallen! Wenn das nicht Liebe ist…

Hunde kann man ausnehmen, wenn sie mal einen guten Tag haben. Und sie haben manchen guten Tag. Das merkt der Affe bald. Aber ob das für ein Leben lang reicht?

Schweine bringen dem Affen Glück. Doch solch ein Glücksschweinchen will auch was geboten bekommen. In dieser Hinsicht geht dem witzigen Affen manchmal die Puste aus.

Der stolze Hahn

8.2.1921	–	26.1.1922
25.1.1933	–	13.2.1934
12.2.1945	–	1.2.1946
30.1.1957	–	17.2.1958
16.2.1969	–	5.2.1970
4.2.1981	–	24.1.1982
22.1.1993	–	9.2.1994
9.2.2005	–	28.1.2006

Ihre Haltung ist gerade, ihr Blick oft durchdringend, ihr Gehabe königlich: Die stolzen Hähne wollen von ihrer Umwelt verehrt werden. Man soll sie sehen, jeder Zoll ein Mensch, der erhaben ist über alle anderen. Hähne lieben den Pomp, ein mit wertvollen Möbeln ausgestattetes eigenes Heim und eine Stellung, in der sie auf andere einen gewissen Einfluss ausüben.

Sie könnten ganz oben an der Spitze stehen, wenn sie sich selbst nicht alles so schwer machen würden. Hähne sind harte Arbeit gewöhnt, über die sie allein Erfolge zu erreichen glauben. Aber während sie arbeiten und schuften, lässt sich's ein anderer wohl ergehen und bastelt an seiner Karriere. Nur darum kommen Hähne in untergeordneten Stellungen vor.

Oft suchen sie die Sicherheit als staatlicher Beamter oder Polizist. Sie sind in Friseur-Salons zu finden und im Gaststättengewerbe. Ihre eisernen Nerven befähigen sie zum Arzt und zu anderen Berufen, in denen es blutig hergehen kann.

Hähne-Geborene sind unermüdlich, wenn es darum geht, sich ein wenig Wohlstand zu sichern, aber sie sind zu stolz, darum zu betteln. Alles wollen sie sich ganz alleine schaffen, niemandem Danke sagen. Sie können ihr letztes Hemd verschenken, wollen selbst aber meist nichts geschenkt.

Lob ist für sie das schönste Präsent, das man ihnen machen kann. Sie quittieren es mit hoheitsvoller Geste. Es schmeichelt ihnen, und deshalb fallen Hähne oft auf Leute herein, die mit ihren Schmeicheleien nur das eine erreichen wollen, dass der Hahn blind wird gegenüber den Tatsächlichkeiten und mit aufgeblähtem Kamm einherstolziert, während sie ihr trübes Süppchen kochen, in dem sie den Hahn sieden lassen wollen. Bis er dann das falsche Pack erkennt und zur Rechenschaft ziehen will, ist es längst über alle Berge oder versucht, über neuen Schmeicheleien den Hahn erneut einzulullen. Verstehen Sie nun, warum es Hähne oft nicht weit bringen?

In der Liebe ist das freilich nicht der Fall. Da sind Hahnen-Mann wie Hahnen-Frau gewissermaßen Hahn im Korb. Hier treiben die Schmeicheleien, mit denen sie umworben werden, seltsame Blüten, und die Früchte fallen reif herunter.

Hähne sind exzellente Liebhaber und kriegen auch eine spröde Schöne herum. Wer einem Hahn verfiel, wird selbst dann noch von ihm schwärmen, wenn er ihn verließ, um eine andere – vielleicht auch nur für kurze Zeit – glücklich zu machen. Hahnen-Männer fühlen sich am wohlsten in Gesellschaft von Frauen. Männer sind für ihn lästige Konkurrenten. Und darum haben Hahnen-Männer im Allgemeinen auch nur wenige Freunde, aber die Zahl ihrer Freundinnen lässt sich nicht immer gleich überblicken.

Auch die Hahnen-Frau hat Glück in der Liebe. Aber anders als beim Hahnen-Mann flattert sie nicht von einem zum anderen, sondern sucht sich einen festen Freund. Frauen, das sagt ihr der

Stolz, können sich auf dem Sektor Liebe eher etwas vergeben als Männer. Sie wird für ihren Ehemann durchs Feuer gehen, ihn umsorgen und ihm, wenn er es will, sogar die Füße waschen. Bei aller Fürsorge für den Mann vergisst sie dann die lieben Kleinen, die zur Familie gehören. Hahnen-Frauen sind gute Mütter, aber für ihre Kinder sind sie immer erst in zweiter Linie da, zuerst kommt der Mann, den sie lieben.

Hähne sind wissbegierig. Sie würden niemals etwas beginnen, das sie nicht vorher schon eingehend studiert hätten. Sie wollen mitreden können, beweisen, was sie wert sind. Manchmal erscheinen sie dann ihrer Umwelt als rechte Prahlhänse, die überall ihre Nase hineinstecken. Das macht sie unglaubwürdig und lässt sie für Außenstehende arrogant erscheinen.

Manche Hähne leben risikoreich. Das sind die Kampfhähne, die mit ihrer Aggressivität die Mitmenschen vergraulen. Sie schrecken selbst nicht davor zurück, den liebsten Freund zu verletzen. Diese Hähne befinden sich – Gott sei Dank! – in der Minderzahl.

Die meisten Hähne sind bei allem stolzen Gehabe, das sie zur Schau stellen, herzensgut und hilfsbereit. Man sollte ihnen ihre Arbeit lassen, sie ein wenig achten. Niemals sollte man sie herausfordern, damit sie nicht kleinlich reagieren können.

Man lasse den Hahnen auch ihre wenigen Träume, das nur im tiefsten Innern bewahrte romantische Gefühl. Sie haben ja doch ein Leben lang so wenig zu lachen, weil sie ständig irgendetwas zu tun haben. Faulenzen möchten sie schrecklich gern, aber das würde gegen ihre Art sein. Ihr Fleiß lässt eventuelle Gegner schlecht aussehen.

Man lasse sie lachen – sagten wir. Aber lachen Sie nur nie über einen Hahn. Er wird es Ihnen nicht verzeihen. Geht es um ihn selbst, versteht er keinen Spaß.

Und schließlich sollte man keinem Hahn etwas krumm nehmen. Er meint es nie so ernst, wie er es manchmal sagt. Er hat nur die seltsame Gabe, anzuecken, koste es, was es wolle. Hinterher tut's ihm Leid. Wenn er Verständnis findet, wird er manche schlechte Angewohnheit mit der Zeit verlieren. Denn Hähne sind auch ein wenig das, wozu sie ihre Umwelt macht.

Man müsste sie lieben, um zu wissen, was sie im tiefsten Inneren für ein wertvoller Mensch wirklich sind.

Der Hahn vom Widder bis zu den Fischen

Widder-Hähne (21. 3.–20. 4.) haben den Hahnen-Kampf erfunden. Sie streiten für ihr Leben gern. Man sollte ihnen Beruhigungspillen in Form von Liebe und Güte geben, dann sind sie leicht zu haben und erreichen viel.

Stier-Hähne (21. 4.–20. 5.) arbeiten noch mehr als andere Hähne. Sie bringen es aber auch zu mehr. Da sie Toleranz üben, finden sie viele Freunde. In der Ehe sind sie zuverlässige, liebenswerte Partner.

Zwillinge-Hähne (21. 5.–21. 6.) bringen Unruhe ins Heim und in den Betrieb. Ihr unruhiger Geist schlägt manchmal seltsame Purzelbäume. Sie brauchen sehr viel Verständnis und noch mehr Bewunderung.

Krebs-Hähne (22. 6.–22. 7.) unterliegen am ehesten den Schmeicheleien falscher Mitmenschen. Sie meinen es immer ehrlich, aber gerade mit ihrer Ehrlichkeit ecken sie am meisten an. Nichts fällt ihnen von selbst in den Schoß.

Löwe-Hähne (23. 7.–23. 8.) tragen den Kopf höher als andere. Man muss ihnen Reverenz erweisen. Ihr Weg führt nach oben, wenn sie verstehen, das Geld zusammenzuhalten und nicht zu viel zu wagen.

Jungfrau-Hähne (24. 8.–23. 9.) denken in realen Werten. Ihr Stolz beschränkt sich darauf, für getane Arbeit gelobt zu werden. Manchmal sind sie grüblerisch, dann ziehen sie sich zurück von der schnöden Welt.

Waage-Hähne (24. 9.–23. 10.) genießen das Leben in vollen Zügen, werden umworben und schenken ihre Gunst bald diesem und bald jenem. Sie hören gern auf die Einflüsterungen anderer, und das kann ihnen manchmal sehr schaden.

Skorpion-Hähne (24. 10.–22. 11.) überzeugen ihre Umwelt mit Witz und Schlagfertigkeit. Was sie sagen, hat Hand und Fuß. Sie werden auch viele Erfolge verbuchen können. Nur Sporn und Stachel stören etwas.

Schütze-Hähne (23. 11.–21. 12.) wollen die Welt für sich erobern. Sie lieben das Abenteuer und das Reisen. Manchmal bringen sie viel Geld und Ruhm nach Hause zurück, oft auch nur Erfahrungen für die Zukunft.

Steinbock-Hähne (22. 12.–20. 1.) lassen sich nur ungern in die Karten schauen. Sie sind oft wahre Finanzgenies. Sie bewahren immer Haltung und fühlen sich ihren Mitmenschen gegenüber aus gutem Grund erhaben.

Wassermann-Hähne (21. 1.–19. 2.) möchten gern verstanden werden. Dann sind sie die besten Partner unter den Hähnen, wenn auch nicht die zuverlässigsten. Man sollte sie auf ein Podest stellen.

Fische-Hähne (20. 2.–20. 3.) träumen mehr als andere Hähne und haben auch mehr Gefühl, daher sind sie verwundbar. In die Enge getrieben, verstehen sie zu kämpfen. Im Endeffekt setzen sie sich immer durch.

Die Partner des Hahns

Ratten können wirklich zauberhafte Partner des stolzen Hahnes sein. Sie übersehen, was oberflächlich an ihm ist, und überwinden mit List seinen Egoismus.

Büffel praktizieren mit dem Hahn ein Leben lang. Man versteht sich fast blind und übersieht sogar die doch so zahlreichen gegenseitigen Schwächen.

Tiger hoffen auf die unterordnende Liebe des Hahns. Bei dem ist die Hoffnung genau umgekehrt. Beide müssten in einem Lebensbund manche Abstriche am eigenen Stolz machen.

Hasen kommen kaum darüber hinweg, wenn der Hahn in seinem Stolz ihre Gefühle verletzt. In dieser Verbindung müsste man mehr Verständnis füreinander aufbringen.

Drachen werden den Hahn in Grenzen glücklich machen. Sie werden vor allem dafür sorgen, dass er auf der Erfolgsleiter Sprosse um Sprosse höher klettern kann.

Schlangen sind zwar nicht die schlechtesten Partner für den Hahn, aber zur himmelhoch jauchzenden Liebe wird es zwischen den beiden nicht kommen, eher zum Zweckbündnis.

Pferde stehlen dem Hahn zwar hier und da die Schau, aber dem macht das gar nichts aus. Man hat sich gesucht und gefunden und besitzt viele gemeinsame Ideale.

Ziegen fühlen tiefer, deshalb muss sie der Hahn eines Tages enttäuschen. Allein von ihm hinge es ab, sich zu ändern. Aber dazu ist der Hahn zu stolz.

Affen wickeln den Hahn gewissermaßen um den kleinen Finger. Sie springen mit ihm oft recht spaßig um. Und er, der alte Hagestolz, lässt sich's gefallen.

Hähne unter sich lieben den Hahnenkampf, sie bearbeiten sich so lange, bis einer von beiden kuscht. So sucht mancher – gerupft – das Weite.

Hunde verbellen den Hahn, Aufregenderes ist von ihnen kaum zu erwarten. Bei Hunden könnte der Hahn die schönsten Schwungfedern verlieren.

Schweine können eines nicht ausstehen: wenn ihnen der Hahn zu direkt kommt. Sie haben eine Menge Taktgefühl, das sehr leicht vom Hahn verletzt werden kann.

Der treue Hund

27. 1. 1922 – 14. 2. 1923
14. 2. 1934 – 2. 2. 1935
2. 2. 1946 – 21. 1. 1947
18. 2. 1958 – 6. 2. 1959
6. 2. 1970 – 25. 1. 1971
25. 1. 1982 – 12. 2. 1983
10. 2. 1994 – 29. 1. 1995
29. 1. 2006 – 15. 2. 2007

Das ist das Seltsame an solch einem Hunde-Leben: Sie wollen es allen recht machen, und dann merken sie, dass sie dabei gar nicht so richtig lagen. Das fordert der Hunde Trotz heraus, knurrend stehen sie vor den verständnislosen Mitmenschen und kläffen sie an. Sie beißen nicht. Hinterher tut ihnen auch alles wieder Leid – Hunde mögen keinen Streit, obwohl sie ihn oft selbst vom Zaune brechen. Hunde sind gutmütig, vor allem treu.

Sie würden sich für ihren Nächsten zerreißen lassen, sich vor ihn stellen, wenn er unrecht behandelt würde. Sie werden ihn selbst dann noch verteidigen, wenn er silberne Löffel geklaut hat, und behaupten, der Bestohlene sei wahrscheinlich selbst an dem Diebstahl schuld, er hätte ja besser auf sein Silber aufpassen können. Wen Hunde lieben, den lieben sie eben mit letzter Konsequenz.

Im Jahr des Hundes geborene Menschen sind selbstlos, sie vertreten die Sache, von deren Richtigkeit sie überzeugt sind, bis zum Äußersten. Man findet sie daher als Boss von Gewerkschaftsorganisationen und als unerschrockene Parlamentarier, als Lehrer und Richter, als Philosophen und Schriftsteller. Kritische Journalisten wurden in diesem Zeichen zu Hunderten geboren. Hunde-Geborene eignen sich auch, vor allem die Frauen, für Sozialberufe und natürlich für den geistlichen Stand.

Spitzenpositionen haben die meisten Hunde nicht inne, das kommt daher, dass sie auf der Sprossenleiter zum Erfolg unterwegs hängen bleiben – als rechte Hand des Chefs. Man vertraut ihnen, weil sie über Interna schweigen können.

Hunde erkennen die Obrigkeit als naturgegeben an. Sie gehorchen aufs Wort, wenn auch manchmal zähneknirschend, und tun dann doch was, von dem sie glauben, dass es richtig sei.

Treue Hunde haben manche Firma vor dem Konkurs gerettet, weil sie Anordnungen in ihrem Sinne auslegten. Sie werden kein Wort darüber verlieren, wenn der Chef nach Abwendung der schlimmen Lage alles sein Werk nennt.

Ein Hund findet sich überall zurecht. Er weiß zu organisieren, selbst scheinbar zu Bruch Gegangenes wieder zu reparieren. Er ist ein Künstler im Handwerklichen. Und er müsste eigentlich der größte Optimist sein, wenn er nicht so viele Wenn und Aber fände. So erscheint er seinen Mitmenschen eher pessimistisch, oft trüben Gedanken nachhängend, grüblerisch. Er braucht von Zeit zu Zeit das Alleinsein, um sich zu sammeln, um zu verarbeiten, was in seiner Nachtseele negativistisch brodelt.

Diese innere Sammlung lässt ihn Auswege finden, auf die sonst niemand käme. Hunde können in den kritischsten Situationen kaltblütig bleiben. Sie führen jeden aus einer Notlage heraus, weil sie die Schleichwege instinktiv erahnen, auf denen man entweichen kann. Ihr Spürsinn ist großartig.

Hunde sind die besten in der Familie, aber auch hier wird ihre

Fürsorge, ihr ständiges Besorgtsein um das Wohl jedes Einzelnen oft falsch ausgelegt. Hunde meinen, dass ihre Ansichten so falsch nicht sein können, und beharren darauf. Meist haben sie Recht, aber sie bräuchten das ihre Mitmenschen nicht immer so penetrant spüren lassen. Allzu beliebt sind sie selbst im Familienkreis nicht immer.

In der Liebe erscheinen Hunde manchem etwas zu distanziert. In ihrem Inneren jedoch kocht der Vulkan feuriger Leidenschaften. Aber Vulkane brechen heutzutage nur noch selten aus. Und so bleibt auch des Hundes Leidenschaft oft lahm gelegt. Man müsste sie mit sehr viel Einfühlungsvermögen und vor allem mit zarten Streichelkünsten entfachen können. Wem es gelingt, wird glücklich.

Hunde wirken leicht prüde, sie lieben Intimitäten im Schummrigen oder in der Dunkelheit. Grelles Licht oder Spiegelkabinette sind ihnen beim Spiel zu zweit verhasst. Sie legen sich weise Zurückhaltung auf, und diese wird auch vom Partner erwartet.

Das macht das Zusammenleben mit ihnen nicht sehr bequem, müsste man doch ständig bereit sein, die richtige Schummerstunde zu erraten. Dies gilt für Hunde-Männer, noch mehr aber für Hunde-Frauen. Lassen Sie den Hunden ihre ganz persönlichen Eigenarten, die nur selten zu Unarten werden. Nehmen Sie ihre Fürsorge als Geschenk hin. Der Hunde-Geborene wird's Ihnen danken und alles tun, Ihnen den Himmel auf Erden zu bereiten.

Hunde können ein hartes, gerechtes Wort vertragen, aber sie müssen es erst in ihrem Inneren verarbeiten. Üben Sie Geduld, warten Sie ab, er wird von selbst zu Ihnen kommen und Ihnen zu Diensten sein. Streicheln Sie nie einen Hund wider den Strich, dann sträuben sich bei ihm die Haare, und er wird widerborstig.

Und lieben Sie ihn, wie er Sie liebt. Denn trotz aller nach außen gezeigten Kühle fühlt sich ein Hund ohne Liebe und Zuneigung hundeelend.

Der Hund vom Widder bis zu den Fischen

Widder-Hunde (21. 3.–20. 4.) bewachen die ihnen Anvertrauten mit solcher Sorgfalt, dass sich diese manchmal von ihnen eingesperrt fühlen. Das heißt: Widder-Hunde schießen oft übers Ziel hinaus.

Stier-Hunde (21. 4.–20. 5.) verlangen viel, geben jedoch umso mehr. Eifersucht ist ihre schwache Seite. Ihr stehen viele Tugenden gegenüber: Fleiß, Ausdauer, Verständigungsbereitschaft und vor allem Treue.

Zwillinge-Hunde (21. 5.–21. 6.) geben sich manchmal viel wilder, als sie in Wirklichkeit sind. Sie stecken voller Widersprüche. Oft bleiben sie dicht vor dem Ziel stehen und fixieren ein neues an.

Krebs-Hunde (22. 6.–22. 7.) liebt man wegen ihrer Gutherzigkeit. Sie reagieren auf den Verstand mit ihren Gefühlen, was sie dann leicht scheitern lässt. Man kann sie nur bis zu einem gewissen Grad ausnutzen, auch wenn sie verliebt sind.

Löwe-Hunde (23. 7.–23. 8.) bellen mehr als andere Hunde, doch ihr Gekläffe wirkt mehr wie Theaterdonner. Im Beruf plagt sie der Stress, weil sie sich oft auch das aufhalsen lassen, was sie nicht ganz bewältigen können.

Jungfrau-Hunde (24. 8.–23. 9.) sind pingelig genau. Da muss ein Teil akkurat neben dem anderen liegen. Das macht das Zusammenleben mit ihnen etwas schwerer. Sie kapseln sich auch im Allgemeinen gerne von der Umwelt ab.

Waage-Hunde (24. 9.–23. 10.) muss man lieben. Sie kuscheln sich wohlig hinterm Ofen. Das friedliche Zuhause ist ihre Welt. Nein können sie nicht sagen, und das fordert die Konflikte in den meisten Fällen geradezu heraus.

Skorpion-Hunde (24. 10.–22. 11.) werden bissig, wenn man sie oder ihre Lieben angreift. Ihr Wille kann Berge versetzen. In der Liebe suchen sie auf jeden Fall den Partner, der bedingungslos mit ihnen durch dick und dünn geht.

Schütze-Hunde (23. 11.–21. 12.) machen viel mit Kraft und Elan. Sie rennen allen davon, wenn es darauf ankommt. Schütze-Hunde sind am Ende oft nicht ausdauernd genug, verzagen aber nie.

Steinbock-Hunde (22. 12.–20. 1.) spielen nicht gern. Sie sind ernst und in sich gekehrt. Man kann sich auf sie verlassen. Ihr Pessimismus macht sie verschlossen. Sie trauen nur sich selbst.

Wassermann-Hunde (21. 1.–19. 2.) sind argwöhnisch, sie wittern hinter der geringsten Unstimmigkeit einen persönlichen Angriff. Ihr Rat ist gefragt, ihre Intelligenz überdurchschnittlich; sie bringen es zu etwas.

Fische-Hunde (20. 2.–20. 3.) träumen in den Tag hinein, wenn sie nicht gerade damit beschäftigt sind, die Brötchen für die Lieben daheim zu verdienen. Bevor sie sich streiten, sagen sie lieber zu allem Ja und Amen.

Die Partner des Hundes

Ratten mögen des Hundes ruhige Art. Sie versuchen, den oft Melancholischen aufzuheitern, was ihnen auch blendend gelingt. Man liebt's kameradschaftlich.

Büffel sind vom Temperament her dem Hund fast ebenbürtig. Trotzdem gibt es viel Probleme in solcher Verbindung, die erst mühsam gelöst werden müssen.

Tiger raufen sich mit dem Hund zusammen, freilich muss dieser Haare lassen. Hat man endlich die Einflusszonen abgesteckt, klappt alles vorzüglich.
Hasen schätzen die Treue des Hundes. Obwohl sie selbst kein überschäumendes Temperament besitzen, wünschten sie sich vom Hund doch mehr Forschheit.
Drachen lassen den Hund merken, dass er für sie ein kleiner Schwächling ist, der sich mit ihnen nicht messen kann. Aber ist das denn wirklich so?
Schlangen schleichen sich ganz allmählich in des Hundes Herzkämmerchen. Und dann sind sie ein Leben lang gefangen und kommen vom treuen Hund nicht mehr los.
Pferde verstehen sich mit dem Hund auf Anhieb. Man ist sich ergeben und hat Verständnis für des anderen Unarten. Hund und Pferd sind ideale Partner.
Ziegen lassen sich hier und da gehen, das sollte der Hund übersehen. Dann kann es zu einer Verbindung kommen, die besonders haltbar ist.
Affen lachen über den Ernst des Lebens, den der Hund ihnen gegenüber anführt, wenn sie gar zu sehr ihr witziges Temperament sprühen lassen. Na, ja …
Hähne haben wenig Verständnis für des Hundes Lebens-Alltag. Er will wohlig hinterm Ofen liegen, sie wollen draußen glänzen. Wie passt das zusammen?
Hunde unter sich gleichen sich an. Sie lassen dem anderen die Ruhe, die sie sich selbst wünschen. Das gibt Zufriedenheit mit dem Dasein, aber aufregend ist das nicht.
Schweine können sich anpassen. Sie werden vor allem des Hundes anhängliche Treue zu schätzen wissen. Man lebt genüsslich nebeneinander her.

Das ehrliche Schwein

15.2.1923	–	4.2.1924
3.2.1935	–	23.1.1936
22.1.1947	–	9.2.1948
7.2.1959	–	27.1.1960
26.1.1971	–	14.2.1972
13.2.1983	–	31.1.1984
30.1.1995	–	17.2.1996
16.2.2007	–	5.2.2008

Man kann es nicht anders sagen: Im Jahr des Schweins geborene Menschen sind Fanatiker der Wahrheit. Sie können nicht lügen, und wenn sie mal flunkern, werden sie bestimmt rot. Das Erröten nimmt zwar mit zunehmendem Alter und damit wachsender Erfahrung ab; aber es bleibt die Tatsache, dass sich das Schwein selbst bei kleinen Notlügen nicht wohl fühlt. Diese unbedingte Wahrheitsliebe macht es in seiner Umgebung nicht sehr beliebt. Wahrheit kann verletzen. Außerdem ist absolute Ehrlichkeit nicht gerade fördernd. Kollegen oder Konkurrenten halten eher mal hinterm Berge, um ihr trübes Süppchen zu kochen. Sie stellen fadenscheinige Behauptungen auf, um ans Ziel zu gelangen. Diesen Ränkeschmieden steht das Schwein meist hilflos gegenüber.

Hinzu kommt, dass sich Schwein-Geborene oft nur zögernd entscheiden können, dann nämlich, wenn sie den Wert oder Unwert einer Sache noch nicht genau erkannt haben. Von vielen wird dieses wägende Abwarten dann als Unsicherheit gewertet.

Man sieht: Schweine haben es schwer. Aber sie haben auf der anderen Seite unvorstellbares Glück (»Schwein haben« sagt auch schon der Volksmund). Von den Lotto-Millionären sind viele in einem Jahr des Schweines geboren. Schwein-Geborene werden auch häufig als Alleinerben eingesetzt, weil Erblasser gerade in den letzten Lebensjahren die Gutmütigkeit und die Fürsorge des Schweines kennen lernten.

Glauben Sie nun ja nicht, das Schwein sei dumm! Es wird in allen Berufen Bedeutendes leisten können. Seine Geradlinigkeit macht es zum sozial denkenden Unternehmer, zum verständnisvollen Chef, zum zupackenden Arzt oder zum tüftelnden Forscher. Als freischaffender Künstler wird es auf den Bühnen der Welt oder in der Zirkusmanege gefragt sein.

Männer und Frauen aus dem Jahr des Schweines werden im Leben ihren Weg machen. Aber sie werden am Wegesrand nur wenig echte Freunde finden. Schwein-Geborene sind, was feste Freundschaften angeht, seltsam kontaktarm. Das machen die vielen Enttäuschungen, die ihnen ihre lieben Mitmenschen bereiten und auf die sie doch immer wieder hereinfallen können.

In der Liebe ist es genauso – man kann sich schwer entscheiden. Im Zeichen Schwein müssen oft mehrere Anläufe gemacht werden, bevor man eine feste Bindung endgültig eingeht. Und meistens bleiben einige Beinahe-Partner zurück, die erst im Nachhinein wissen, was sie an dem Schwein-Geborenen verloren haben.

In der Ehe entwickelt sich der Schwein-Mann zum Mustergatten. Schwein-Frauen sind die besten Mütter, die man sich denken kann, die liebsten Ehefrauen. Schwein-Männer sind treu und nachgiebig. Sie wollen ihrer Familie den Himmel auf Erden bereiten, aber manchmal reicht das Geld nicht ganz, weil der Himmel zu teuer ist.

Was Schwein-Geborene vor allem nicht ausstehen können, ist Streit und Zank. Und darum gehen sie im Beruf und in der Ehe vielfach den untersten Weg. Das mag manchen erst recht auf die Palme bringen, für den ein Gewitter die Luft reinigt. Gerade von solchen Leuten wird dann dem Schwein-Geborenen nachgesagt, er sei zu weich und habe einen schwachen Charakter.

Das Schwein selbst kann bei zu vielen Enttäuschungen zum rechten Menschenverächter werden. Und das könnte seiner Karriere, aber auch den zwischenmenschlichen Beziehungen schaden.

Schweine lieben das Leben, sie sind keine Kostverächter. Ausschweifende Feste sind ihnen trotzdem ein Gräuel – die Grillparty daheim ist ihnen lieber. Sie können oft stundenlang stumm in einem Sessel sitzen und nichts tun, vor sich hindösen. Wenn sie aber ein Problem haben, so werden sie es wortreich dem Partner auseinander setzen und mit ihm die Lösung finden.

Schwein-Geborene können gut zuhören. Wenn sie selbst etwas zu sagen haben, werden sie sehr weit ausholen, in aller Genauigkeit zu erklären versuchen, und die anderen werden dennoch kaum ein Wort davon verstehen: Zu weitschweifig ist ihre Rede. Sie bräuchten mehr Konzentration auf das Wesentliche.

Und Schweine können auch noch über sich selbst lachen. Sie sind denen, die sie lieben, gute Freunde. Große Leidenschaften werden sie nicht entfachen können. Sie zögern manches hinaus und hoffen, dass es sich damit von selbst erledigt.

Sie halten eine gepflegte Unordnung meist für besser als pingelige Genauigkeit. Sie geben sich auch legerer als ihre Umgebung. Die Mode, die Schwein-Geborene kreierten, ist salopp, aber trotzdem – wie sie meinen – schick.

Im Jahr des Schweines geborene Menschen sollten immer auf ihr

Gewicht achten, da sie vor allem im Alter zur Behäbigkeit neigen. Sie müssen sich auch vor Genussgiften hüten. Schon mancher Schwein-Geborene trank den Kummer über die ach so verständnislose Welt in sich hinein und musste sich zur Entziehungskur melden.

Schweine, sagten wir, zögern oft sehr lange. Wenn sie aber einmal einen Entschluss gefasst haben, dann ist er unumstößlich. Sie werden ihn gegen alles und gegen jeden zu verteidigen wissen. Sie haben Selbstvertrauen genug, sich durchzusetzen, sind aber auch klug genug, Kompromisse zu schließen.

Das Schwein vom Widder bis zu den Fischen

Widder-Schweine (21. 3.–20. 4.) setzen sich eher durch als andere Schweine. Sie werden im Leben schneller zu etwas kommen, und das ganz ohne die Ellenbogen einzusetzen. Ihre Art ist herzlich, aber bestimmt.

Stier-Schweine (21. 4.–20. 5.) sprechen nicht viel, sie handeln wortlos. Sie sind sehr musisch und putzen das eigene Heim zu einem Schmuckkästchen heraus. Es ist schwer, ihr ganzes Herz zu erobern.

Zwillinge-Schweine (21. 5.–21. 6.) scheuen sich nicht, neue Wege zu gehen, geraten aber dadurch auch auf Abwege. Keine Angst, diese Schweine finden sich, dank ihrer Wendigkeit, schließlich doch zurecht.

Krebs-Schweine (22. 6.–22. 7.) halten sich zurück, weil sie leichter zu verletzen sind. Sie hängen am Leben und kosten es aus.

Löwe-Schweine (23. 7.–23. 8.) scheinen das Glück für sich gepachtet zu haben. Sie finden sich in allen Lebenslagen zurecht, sollten sich jedoch vor Völlerei hüten. Löwe-Schweine machen in der Regel Karriere.

Jungfrau-Schweine (24. 8.–23. 9.) bleiben selbst dann bescheiden, wenn sie ein hohes Bankkonto ihr Eigen nennen können. Sie weichen nicht vom Pfad der Tugend ab. Manchmal mag man sie für rechte Pedanten halten.

Waage-Schweine (24. 9.–23. 10.) können einfach nicht Nein sagen. Das birgt Schwierigkeiten in sich. Man nutzt sie aus. Aber im Grunde lassen sie sich gern ausnutzen. Sie hassen vor allem häuslichen Streit.

Skorpion-Schweine (24. 10.–22. 11.) verletzen Mitmenschen oft durch ihre unnachgiebige Geradlinigkeit. Sie beharren auf einmal gefassten Beschlüssen. Sex-Abenteuern sind sie übrigens nicht abgeneigt.

Schütze-Schweine (23. 11.–21. 12.) sind rechte Intelligenz-Bestien. Ihr Sarkasmus lässt sie anecken. Sie werden vorwärts kommen, wenn sie ihr sanguinisches Temperament nicht zu Fehlschlüssen verleitet.

Steinbock-Schweine (22. 12.–20. 1.) tun lieber alles selbst, bevor sie andere an eine Sache heranlassen. Das schafft ihnen Feinde. Ihr Herz hat eine dicke Schwarte, hinter der aber ein weicher Kern sitzt.

Wassermann-Schweine (21. 1.–19. 2.) haben Erfolg, weil sie zielstrebiger als andere Schweine sind. Zum weichen Herzen kommen hier die Launen, aber auch ein wacher Verstand, der stets das Richtige bewirkt.

Fische-Schweine (20. 2.–20. 3.) sind gar nicht so ohne. Sie treten ihrer Umwelt freundlich entgegen, setzen sich jedoch gerade damit durch. Sie sollten das Leben genießen, aber immer nur mit Maß und Ziel.

Die Partner des Schweines

Ratten versorgen das Schwein vorbildlich und sind auch geistig mit ihm gleichgeschaltet. Sie könnten zusammen eine ganze Menge erreichen, sodass beide glücklich sind.
Büffel sind etwas schwerfälliger als das Schwein, aber eigentlich genauso gradlinig. Das könnte für ein recht ruhiges Zusammenleben sprechen.
Tiger spielen mit dem Schwein, und dann sind sie plötzlich gefangen von der ehrlichen Art, in der das Schwein um sie wirbt und in der es später für sie sorgt.
Hasen passen zum Schwein, das sich nach einem zärtlichen Partner sehnt. In der Ehe sind Schwein und Hase lieb und nett zueinander. Die Flitterwochen dauern länger.
Drachen werden an der Seite des Schweines zum Genießer. Sie vergessen aber auch nicht, dass man zupacken muss, soll die Familie auf einen grünen Zweig kommen.
Schlangen sind nicht unbedingt des Schweines Idealpartner, aber man wurstelt sich so durch, wobei das Schwein einige Borsten lassen muss.
Pferde rennen manchem Abenteuer nach, das die Schweine lieber im Fernsehen sehen. Aber sie finden nach jedem Ausbruch in des Schweines trautes Heim zurück.
Ziegen arbeiten viel – die Schweine sind bequemer. Aber wenn es darauf ankommt, schuften beide zusammen, um ihr Glück zu sichern. Denn glücklich werden die beiden.
Affen versuchen, dem Schwein die heitere Seite des Lebens zu zeigen. Das Schwein geht mit, weil es kein Kind von Traurigkeit ist. Nicht immer wird diese Verbindung halten.

Hähne lieben die Show. Sie stolzieren vor dem Schwein so lange auf und ab, bis es auf sie aufmerksam wird. Und dann fällt es sogar auf einen solchen Hahn mal herein.

Hunde sind treu und anhänglich. Sie finden im Schwein einen Partner, der das zu schätzen weiß. In einer Ehe zwischen Schwein und Hund kann jedoch Langeweile aufkommen.

Schweine unter sich sind ganz anders, als sie anderen Partnern erscheinen. Sie grunzen sich an, und manchmal sind sie rechte Futterneider. Aber das gibt sich mit den Jahren.

Das immer währende chinesische Horoskop bis 2027

Die über 5000 Jahre alte chinesische Wahrsagekunst, aus den Gestirnen das Los der Menschen zu ergründen, soll nun im nachstehenden Kapitel einmal vereinfacht auf jedes Tierzeichen angewandt werden. Wir sind uns darüber im Klaren, dass zu einem genauen chinesischen Horoskop die Doppelstunde der Geburt und die Jahreszeit, die fünf Elemente und die zehn Himmelszeichen zurate gezogen werden müssten. Für diese Berechnungen haben die Chinesen dickleibige Nachschlagewerke. Wir wollen es aber hier bei einem kurzen Überblick belassen, aus dem jeder die guten und die mageren Jahre bis 2027 für sich herausfinden kann – ein immer währendes Horoskop für die zwölf Jahrtypen vom Jahr der Ratte bis zum Jahr des Schweines.

Das Schicksal der Ratten

Menschen, die in einem Jahr der Ratte geboren wurden, werden im Allgemeinen eine ruhige Jugendzeit haben. Der mittlere Abschnitt ihres Lebens wird in einem steten Auf und Ab verlaufen. Mit Erreichen des vierten Lebensjahrzehnts dürften sie nach Überwinden mancher Schwierigkeiten ihre Sturm-und-Drang-Zeit abgeschlossen haben. In den Jahren danach können sie relativ ruhig und glücklich leben, wobei sie allerdings beachten sollten, was dem in einzelnen Jahren entgegenstehen könnte.

Im Jahr des Affen (2004, 2016) werden die Ratten wieder des Öfteren mit dem Glück konfrontiert. Was sie anfassen, scheint meistens Hand und Fuß zu haben. Und auch in der Liebe lacht der Wonnemond.

Im Jahr des Hahns (2005, 2017) müssen sie wohl oder übel das bisher Erreichte absichern. Erst, wenn die Ratten das geschafft haben, können sie sich auch mal den schönsten Seiten des Lebens zuwenden.

Im Jahr des Hundes (2006, 2018) werden die Ratten – vor allen Dingen an sich selbst – schwer arbeiten müssen. Nichts fällt ihnen in diesem Jahr von selbst in den Schoß. Am Ende gibt ihnen aber der Erfolg Recht.

Im Jahr des Schweines (2007, 2019) tritt für die meisten Ratten eine Ruhepause ein, die sie genüsslich nutzen sollten. Wagen sie zu viel, könnten sie sich möglicherweise nur selber schaden.

Im Jahr der Ratte (2008, 2020) bauen Ratten auf ihr Glück. Man fliegt ihnen zu, und auch finanziell ist manches zu erreichen. Mit anderen Worten: Sie werden ein ausgesprochen gutes Jahr erleben.

Im Jahr des Büffels (2009, 2021) möchten manche Ratten regelrecht faulenzen. Sie haben einfach zu nichts rechte Lust. Nur gut, wenn sie sich im positiven Jahr zuvor ein finanzielles Polster zugelegt haben.

Im Jahr des Tigers (2010, 2022) neigen die Ratten vielfach zu falschen Schlüssen, die für sie und die ihnen Anvertrauten nachteilige Folgen haben könnten. Hier ist der Ratten Klugheit gefragt!

Im Jahr des Hasen (2011, 2023) ist für Ratten weise Zurückhaltung geboten. Sie haben Erfolg, der sich aber leider auch ins Gegenteil verkehren kann. Nur gut durchdachte Pläne werden gelingen.

Im Jahr des Drachen (2012, 2024) wird sich schließlich fast alles zum Guten wenden. In diesem Jahr können die Ratten für kommende, vielleicht etwas magere Jahre Vorsorge treffen.
Im Jahr der Schlange (2013, 2025) geht es wieder mal auf und ab. Ratten sollten alles stets gut durchdenken, weil Fehler jetzt nachteilige Folgen haben könnten. Lieber sollten sie ihr Geld dreimal umdrehen.
Im Jahr des Pferdes (2014, 2026) sollten Ratten-Typen die Zurückhaltung in bestimmten gesellschaftlichen Dingen nicht aufgeben. Kluges Taktieren und Paktieren mit Menschen, denen das Pferd Glück bringt, wären stets vorzuziehen, um das Jahr gut abzuschließen.
Im Jahr der Ziege (2015, 2027) können die Ratten im Allgemeinen für sich eine merkliche Besserung feststellen. Geld kommt ein, und es kann sogar an der eigenen beruflichen Karriere gezimmert werden.

Das Schicksal der Büffel

Nach einer nicht sehr aufregenden Jugendzeit wird der Büffel schnell dafür sorgen, dass der mittlere Lebensabschnitt die Basis für ein geruhsames Alter wird. Jedoch sind in dieser Zeit nur dann Rückschläge zu vermeiden, wenn man die eigene Bequemlichkeit vergisst. Das gilt vor allem für Büffel über fünfzig.
Im Jahr des Affen (2004, 2016) jagen die Büffel freilich dem Erfolg eher hinterher. Da heißt es, die Nerven nicht zu verlieren. Wenn sie öfter mal eine Ruhepause einlegen, um scharf nachzudenken, klappt's auf jeden Fall besser.
Im Jahr des Hahns (2005, 2017) werden Unsicherheitsfaktoren

abgebaut. Es wird wohl ein arbeitsreiches Jahr für die Büffel werden, nur die Liebe kommt möglicherweise zu kurz.

Im Jahr des Hundes (2006, 2018) machen Büffel vielfach den Fehler, zu schwarz zu sehen. Dabei könnten sie gerade in diesem Jahr die Früchte ihrer Arbeit ernten und in eine rosige Zukunft schauen.

Im Jahr des Schweines (2007, 2019) gibt es viel Auftrieb für die eifrigen Büffel. Nur müssten sie manchmal fünf Hände haben, um alles zu schaffen, was sich ihnen bietet. Da ist Konzentration nötig!

Im Jahr der Ratte (2008, 2020) können die Büffel aufatmen. Es kommt Geld in die Kasse. Sie können ein Spiel wagen, und sie schwimmen im Glück, das ihnen auch in der Liebe schöne Stunden bescheren wird.

Im Jahr des Büffels (2009, 2021) hält die Glückssträhne der Büffel an. Sie sollten das nutzen und für schlechter bestrahlte Jahre etwas vorsorgen. Auf jeden Fall können sie ihr Leben genießen.

Im Jahr des Tigers (2010, 2022) deutet sich für Büffel ein Umschwung in einigen Lebenslagen an. Es kann zu plötzlichen Wutausbrüchen kommen, und manche Büffel können sich dann oft selbst nicht mehr leiden.

Im Jahr des Hasen (2011, 2023) beruhigen sich die Nerven des angespannten Büffels. Und das lässt die Erfolgskurve ansteigen. In diesem Hasenjahr sollte man als Büffel-Geborener stets auf Nummer sicher gehen.

Im Jahr des Drachen (2012, 2024) macht die Arbeit, aber auch das Familienleben den Büffeln Spaß. Sie können sogar im Glück regelrecht schwelgen. Was will man da noch mehr?!

Im Jahr der Schlange (2013, 2025) sind einige Zusammenstöße im privaten Bereich der Büffel angesagt. Beste Taktik: Sie sollten immer einlenken und sich mehr auf den Beruf konzentrieren.

Im Jahr des Pferdes (2014, 2026) haben die Büffel manche Förderung zu erwarten, und auch im Privatbereich scheint alles in Ordnung zu sein, sofern man auch mal auf den Partner hört, der es gut mit einem meint.
Im Jahr der Ziege (2015, 2027) machen den Büffeln wahrscheinlich ihre zwischenmenschlichen Beziehungen zu schaffen. Bestes Mittel dagegen: Sie sollten ihre Launen zügeln. Im Berufsleben sind sie in den Jahren der Ziege erfolgreicher.

Das Schicksal der Tiger

Schon in der Jugend kommt es für Tiger gleich zu Turbulenzen, die sie – älter geworden – klug vermeiden sollten. Oft spielt ja nur das eigene Temperament einen Streich. Da hilft, ständig vor sich selbst auf der Hut zu sein. Für Tiger ist das Leben Kampf, und das heißt, risikoreich zu leben.
Im Jahr des Affen (2004, 2016) macht der Tiger große Sprünge von Erfolg zu Erfolg. Leider übersieht er dabei manchmal die Grube, in die er fallen könnte. Mit anderen Worten: Vorsichtiges Taktieren ist gefragt.
Im Jahr des Hahns (2005, 2017) kämpfen allzu waghalsige Tiger mit dem Rücken zur Wand. Manchmal sind sie rund herum von feindlichen Einflüssen umgeben. Ein Ausfall kann jedoch leider verlustreich enden.
Im Jahr des Hundes (2006, 2018) lockert sich die angespannte Lage sichtlich auf. Die Tiger werden sich mit großer Kraftanstrengung bald befreien. Und dann ist der Weg zu Erfolgen schnell freigekämpft.
Im Jahr des Schweines (2007, 2019) blühen die meisten Tiger auf.

Die Finanzen werden wachsen, das Ansehen steigt. In der Liebe sind ebenfalls viele Streicheleinheiten für die vor Glück schnurrenden Tiger fällig.

Im Jahr der Ratte (2008, 2020) müssen die glücklichen Tiger aber wohl mal auf Erspartes zurückgreifen. Im Rattenjahr ist für sie kaum etwas los. Und das geht temperamentvollen Tigern an die Nieren.

Im Jahr des Büffels (2009, 2021) sollten sich angriffslustige Tiger lieber in den Dschungel verkriechen. Schließlich lauern an allen Ecken und Enden Gefahren, die böswillige Großwildjäger bereithalten.

Im Jahr des Tigers (2010, 2022) stehen Tiger zum Sprung ins Abenteuer. Sie haben Glück, weil ihnen einfach alles zu gelingen scheint. Ihre Jäger scheinen das Pulver verschossen zu haben.

Im Jahr des Hasen (2011, 2023) hält die gute Zeit für die Tiger sogar noch an. Sie könnten sesshaft werden (und das will bei Tigern etwas heißen!) Jedenfalls lacht das Liebesglück. Ein Geldgewinn ist möglich.

Im Jahr des Drachen (2012, 2024) geht es für die Tiger ganz schön rund. Aber die Turbulenzen, die manchmal aufwirbeln, sind zu meistern. Der Aufwärtstrend wird auch im Drachenjahr anhalten.

Im Jahr der Schlange (2013, 2025) treibt das unruhige Blut die meisten Tiger hinaus ins blutvolle Leben, dorthin nämlich, wo Kämpfertypen verlangt werden. Leider schwebt jeder in Gefahr, der sich vor lauter Eifer übernimmt.

Im Jahr des Pferdes (2014, 2026) haben Tiger eigentlich nicht allzu viel zu befürchten. Ihr eiserner Wille sorgt dafür, dass sie vorwärts kommen und manche Eroberung machen werden.

Im Jahr der Ziege (2015, 2027) brechen die Tiger in vielen Lebensbereichen aus. Nichts kann sie halten, wenn plötzlich ein Wechsel ansteht. Und reich an Wechseln wird das Ziegenjahr wohl für sie werden.

Das Schicksal der Hasen

Hasen stürzen sich nicht wie die Tiger in Gefahr. Sie werden vorsichtiger sein, was auch klüger ist. So könnte ihr ganzes Leben eigentlich freundlich und ruhig verlaufen, wenn sie nicht oftmals das Hasenpanier ergreifen würden, weil es in fast allen Lebensabschnitten die Konfrontation mit widrigen Ereignissen gibt. An solchen Begebenheiten könnte mancher Hase zerbrechen, wenn er nicht rechtzeitig auf Gegenkurs steuern würde.

Im Jahr des Affen (2004, 2016) werden sich die Hasen kaum aufregen. Sie leben fröhlich vor sich hin und können sehr zufrieden sein mit dem bisher Erreichten. Sie überflügeln leicht ihre Gegner.

Im Jahr des Hahns (2005, 2017) müssen selbst friedliebende Hasen in den Kampf ziehen. Nur mit Mühe werden sie bestehen. Und trotz einiger Siege werden sie sich eingestehen müssen: Es war kein allzu gutes Jahr.

Im Jahr des Hundes (2006, 2018) geht der an sich sonst so scheue Hase mehr aus sich heraus und wagt sogar einiges. Nur vor dem letzten Wagnis schreckt er zurück; und das ist – wie man sehen wird – zu seinem Besten.

Im Jahr des Schweines (2007, 2019) macht sich eine fühlbare Entspannung bemerkbar. Hasen sind im Privatleben charmant und machen Eroberungen. Und auch im Beruf sind sie auf der Gewinnerseite.

Im Jahr der Ratte (2008, 2020) kann es zu Rückschlägen kommen, die Hasen ohne Schaden wegstecken werden, wenn sie zuvor einige

Rücklagen gemacht haben. Ansonsten ist es ein mittelprächtiges Jahr.

Im Jahr des Büffels (2009, 2021) sollten die Hasen lieber ihren Bau zur Festung umbauen; denn jetzt heißt es, wachsam zu sein. Aber trotz einiger Nackenschläge werden sich Hasen am Ende durchsetzen.

Im Jahr des Tigers (2010, 2022) könnte sich eine Ortsveränderung für ängstliche Hasen ergeben. Da heißt es für sie: Bangemachen gilt nicht! Es ist ein unruhiges Jahr, das aber durchaus auch günstige Veränderungen mit sich bringen wird, wenn man etwas mehr Mut aufbringt.

Im Jahr des Hasen (2011, 2023) festigt sich, was bisher im Schwebezustand war. Hasen werden auf ihre Kosten kommen und sich sogar einige Vorräte für kommende schwere Zeiten zulegen können, in denen sie sparsamer sein müssen.

Im Jahr des Drachen (2012, 2024) warten Turbulenzen auf die ängstlichen Hasen. Auch an den etwas wagemutigeren geht der Trubel nicht spurlos vorbei. Sie sollten erst prüfen, bevor sie sich für etwas entscheiden, das nur schwer rückgängig gemacht werden kann.

Im Jahr der Schlange (2013, 2025) können sich die Hasen ein wenig erholen. Sie müssen mehr als sonst arbeiten, werden jedoch feststellen, dass ihnen die Arbeit Spaß macht, weil sie ihnen einiges einbringt.

Im Jahr des Pferdes (2014, 2026) wird das meiste nach den Wünschen der übervorsichtigen Hasen verlaufen. Sie werden Prüfungen bestehen und sicherlich nicht am Hungertuche nagen müssen.

Im Jahr der Ziege (2015, 2027) hält sich der Hase abseits vom unruhigen Alltag. Im Privatleben löst sich manche Verklemmung.

Hasen sind aufgeschlossen gegenüber dem anderen Geschlecht. Die Liebe lacht.

Das Schicksal der Drachen

Drachen haben mehrfach Glück im Leben, an das sie aber auch stets hochherrschaftliche Ansprüche stellen. Vor allem im mittleren Lebensabschnitt verzeichnen Drachen große Erfolge. Das lässt sie dann meistens auch rechtzeitig fürs Alter vorsorgen. So ganz unglücklich wird dieser Menschenschlag wohl nie.

Im Jahr des Affen (2004, 2016) dürfen Drachen nicht allzu heftig reagieren, auch wenn sie ab und zu mal einen Nackenschlag abbekommen. In diesem Jahr gilt der Ratschlag: Eile mit Weile!

Im Jahr des Hahns (2005, 2017) haben die Drachen wieder einmal Glück in allen Lebenslagen, das sie aber auch nicht strapazieren sollten. Da ist Maßhalten im rechten Moment immer noch das beste Mittel.

Im Jahr des Hundes (2006, 2018) können Drachen ab und zu aufs Ganze gehen. Im Beruf haben sie Aufstiegschancen, in der Liebe können sie aufs Glück setzen. Und möglicherweise gewinnen sie sogar im Spiel.

Im Jahr des Schweines (2007, 2019) hält der Trend in die oberen Etagen des Lebens an. Man kann an den Ausbau des bisher Erreichten gehen. Und wenn man gerade im richtigen Alter ist, einen eigenen Hausstand gründen.

Im Jahr der Ratte (2008, 2020) werden wohl die Finanzen von den Drachen aufgefrischt oder sicher angelegt. Auf vielen Gebieten können sie ebenfalls Erfolge erzielen. Nur in der Liebe und im glücklichen Zusammenleben sind sie in der Warteschleife.

Im Jahr des Büffels (2009, 2021) geht's nicht ganz so erfolgreich weiter: Drachen müssen jetzt um ihren Wohlstand kämpfen. Und ein Widersacher könnte im häuslichen Bereich Unruhe stiften.

Im Jahr des Tigers (2010, 2022) rafft sich der Drache zu neuen Taten auf. Wenn er nicht zu weit geht und seine Grenzen beachtet, wird ihm viel gelingen, zumal ihm Fortuna stets an der Seite steht.

Im Jahr des Hasen (2011, 2023) sonnt sich der Drache in der Gunst wohlmeinender Gönner. Trotzdem sollte er sich nicht zu wohl fühlen, schließlich hat er Neider. Am besten vermeidet er jedes Risiko.

Im Jahr des Drachen (2012, 2024) ist der Erfolg des Drachen gesichert. Sein Haus ist bestellt, das Glück steht ihm zur Seite. Er blickt hinunter auf alle, die ihn lieben. Nur überheblich sollte er nicht werden …

Im Jahr der Schlange (2013, 2025) wird dem Drachen bewiesen, dass alle zwölf Mondjahre ihre guten Seiten haben. Er sollte sie für sich nutzen und nicht arrogant werden, sondern anderen auch etwas gönnen.

Im Jahr des Pferdes (2014, 2026) gibt es keine allzu großen Widrigkeiten für die Drachen. Sie können sogar im Berufsleben viel erreichen. Und ganz privat werden sie beim anderen Geschlecht manche Eroberung machen können. Nur Treue ist nicht immer mit von der Partie.

Im Jahr der Ziege (2015, 2027) beginnen Drachen am besten nichts Neues. Das Alte ist gut oder kann gewendet werden. Für manche sonst übereifrige Drachen wird es darum wohl ein recht ermüdendes Jahr der Ziege werden.

Das Schicksal der Schlangen

Man möchte meinen, Schlangen führten ein unruhiges Leben. Das ist aber gar nicht so: Schlangen schlängeln sich durch. Erst nach dem vierzigsten Lebensjahr kommt für sie die kritische Zeit. Da wird manches infrage gestellt, was bisher »in« war. Es sind für Schlangen, wenn auch nicht im biologischen Sinn, die Wechseljahre, die mit viel Mut überstanden werden müssen.

Im Jahr des Affen (2004, 2016) fällt es den Schlangen leicht, in neuen Gebieten ihr Können zu beweisen. Sie bemühen sich, lustig in den Tag hinein zu leben. Das Einzige, was Kummer macht, sind ihre Launen.

Im Jahr des Hahns (2005, 2017) können viele Schlangen nicht so recht abschalten. Da heißt es, sich auf die Arbeit zu konzentrieren, um schnell zu mehr Ansehen zu gelangen. Die meisten werden das glänzend schaffen.

Im Jahr des Hundes (2006, 2018) möchten die Schlangen kritisch, wie sie sind, gern die Welt verbessern. Sie sollten aber lieber vor der eigenen Haustür kehren, wo sich genügend angesammelt hat. Streit ist angezeigt.

Im Jahr des Schweines (2007, 2019) können Teilausläufer der unschönen Seiten des Vorjahrs noch Schwierigkeiten bereiten. Schließlich werden die Schlangen dank ihrer Klugheit alles vorbildlich meistern.

Im Jahr der Ratte (2008, 2020) hält der Aufwärtstrend trotz einiger Störeinflüsse an. Die Schlangen machen mit viel Willen das Beste aus ihrem Leben. Sie haben diesmal sogar eine Hoch-Zeit in der Liebe.

Im Jahr des Büffels (2009, 2021) möchte sich manche Schlange lieber mal verkriechen. Das ist nach den eher unruhigen Vorjahren auch gut so, zumal sie jetzt ein eher finanzschwaches Jahr vor sich haben.

Im Jahr des Tigers (2010, 2022) sind die Schlangen wieder mal in ihrem Element. Sie leben fröhlich in den Tag hinein, was aber nicht ausschließt, dass sie öfter mal anecken. Aus Beulen ziehen sie jedoch Erfahrungen.

Im Jahr des Hasen (2011, 2023) wird Sex für Schlangen groß geschrieben. Mit anderen Worten: Sie erreichen in der Liebe fast alles. Und im Berufsleben werden sie mit viel Förderung zu rechnen haben.

Im Jahr des Drachen (2012, 2024) können die Schlangen die Früchte ihrer Arbeit ernten. Das Leben erscheint ihnen lebenswert. Kein Wölkchen zieht auch am Liebeshimmel auf. Sie genießen ihr Glück.

Im Jahr der Schlange (2013, 2025) wird, was die Schlangen auch anfassen, zu Geld. So könnten sie es ewig aushalten. Sie sollten aber bei allem Glück auch an die kommenden Jahre denken und sich absichern.

Im Jahr des Pferdes (2014, 2026) können Schlangen durch private Affären von sich reden machen. Das färbt auch ein wenig auf das Berufsleben ab. Mit viel Glück werden sie aber alle meistern.

Im Jahr der Ziege (2015, 2027) gehen die sonst so lebhaften Schlangen in sich. Oft bedeutet das eine Abkehr vom bisherigen Lebensstil. Auf jeden Fall konzentriert man sich wohl mehr auf die Arbeit.

Das Schicksal der Pferde

Pferde wollen schnell selbstständig werden, aber es fehlt ihnen oft der rechte Halt. Sie führen ein bewegtes Leben, Erfolg und Misserfolg wechseln sich des Öfteren ab, gleichen sich aber immer wieder aus. Erst nach dem 45. Lebensjahr lassen es die ungestümen Pferde langsamer angehen.

Im Jahr des Affen (2004, 2016) kommen Pferde auf ihre Kosten. Sie haben Freude am Leben. Im Beruf geht es aufwärts. Und der Liebesstern leuchtet hell. Gefahr droht nur, wenn sie sich übernehmen.

Im Jahr des Hahns (2005, 2017) hält das Hoch an. Pferde werden im Allgemeinen Karriere machen oder doch zumindest mit Geldzuwachs rechnen können. Sie sollten nur nicht leichtsinnig werden.

Im Jahr des Hundes (2006, 2018) werden Pferde viel für sich selbst erwirtschaften. Aber sie sollten sich nicht vergaloppieren. In der Liebe reagieren sie oft ichbezogen. Und das mögen ihre Partner nicht.

Im Jahr des Schweines (2007, 2019) machen Pferde alles, was sie anpacken, zu Geld. Auf jeden Fall können jetzt die Finanzen aufgebessert werden. Das hat auch – vor allem im privaten Bereich – seine Nachteile.

Im Jahr der Ratte (2008, 2020) wollen die Pferde wohl mit dem bisher Erworbenen spekulieren. Manchmal könnten sie dann einiges verspielen. Nicht nur das wird im Privatleben Ärger geben. Also: Vorsicht!

Im Jahr des Büffels (2009, 2021) könnte leicht der Ärger in den zwischenmenschlichen Beziehungen anhalten. Pferde wenden sich daher in diesem Jahr mehr dem Geldverdienen zu. Da haben sie wohl eher Glück.

Im Jahr des Tigers (2010, 2022) müssen allzu windige Pferde eventuell Trennungen erwarten. Sie sollten sich selbst an die Kandare nehmen, weil sie meistens an den widrigen Verhältnissen selbst schuld sind.

Im Jahr des Hasen (2011, 2023) stabilisiert sich die Lage im privaten Bereich. Das macht mehr Arbeitswut, gibt aber auch Mut zu neuen Abenteuern, die nicht immer günstig verlaufen werden.

Im Jahr des Drachen (2012, 2024) fühlen sich Pferde trotz der etwas unschönen Zeiten zuvor wieder wohl in ihrer Haut. Man schmeichelt ihnen, und man setzt auf sie. Und die stolzen Pferde mögen das sichtlich.

Im Jahr der Schlange (2013, 2025) scheint alles im Lot zu sein. Die Liebe wird jetzt groß geschrieben. Aber gerade auf diesem Sektor kann man sich vergaloppieren, zumal einige zu hohe Hindernisse aufgebaut sind.

Im Jahr des Pferdes (2014, 2026) werden Pferde vor lauter wilder Entschlossenheit Fehler machen, die sie aber stets rechtzeitig ausbügeln können. Vor allem ganz privat kann's Kummer im Zusammenleben geben.

Im Jahr der Ziege (2015, 2027) richtet sich viel. Pferde können die Zügel schießen lassen und im Galopp lohnende Ziele erreichen. Das macht sie heiter, weil das Jahr so recht nach ihrem Sinne ist.

Das Schicksal der Ziegen

Ziegen finden immer saftige Weiden. Sie haben oft viel Glück. Vor allem in der Jugend und nach dem vierzigsten Lebensjahr bringen sie sich auf die Erfolgsspur. Allerdings wird in den Jahren dazwischen ihr etwas eigenwilliges Verhalten für Unruhe in ihrem Leben sorgen. Was sie in dieser Zeit brauchen, ist die ruhige Hand, die sie sicher durch alle Untiefen führt. Nur ernst gemeinte Liebe ist für sie das erlösende Moment, das sie alle widrigen Umstände bestehen lässt. Was sie immer wieder verdrängen sollten, sind ihre manchmal hochherrschaftlichen Launen.

Im Jahr des Affen (2004, 2016) schalten Ziegen wieder auf Erfolg, und auch das Glück ist ihnen hold. Nun sollten sie für kommende schwerere Zeiten etwas zurücklegen. Die Sparsamkeit liegt ihnen ja wohl.

Im Jahr des Hahns (2005, 2017) scheitern Ziegen nur, wenn sie zu bequem die Zeit angehen. Die Gefahr zu stranden ist nicht sehr groß, weil sie eher zu viel als zu wenig arbeiten. Mit Fröhlichkeit meistern sie alles.

Im Jahr des Hundes (2006, 2018) brocken sich Ziegen leider allerlei Unausgegorenes in die eigene Suppe, die sie dann auch noch selbst auslöffeln müssen. Für viele wird es darum ein Jahr, das sie lieber vergessen würden.

Im Jahr des Schweines (2007, 2019) verspüren Ziegen wenig Lust, für andere die Kohlen aus dem Feuer zu holen. Ihr Bestreben, selbst weiterzukommen, wird freilich durch Neider sichtlich gehemmt sein.

Im Jahr der Ratte (2008, 2020) schlägt die ziegentypische Melancholie durch. Das wird sich freilich im Privatleben in viel Liebe ummünzen, im Beruf aber von Zeit zu Zeit in rechter Arbeitsunlust äußern.

Im Jahr des Büffels (2009, 2021) sollten Ziegen vor allem daran denken, dass Arbeit feste Werte schafft, wenn sie Spaß macht. Ganz privat wird es ebenso ein gutes Jahr für im Leben fest verankerte Leute sein.

Im Jahr des Tigers (2010, 2022) zeichnet sich Unzufriedenheit mit sich selbst ab. Oft bleiben Ziegen auf ihren schönsten Gefühlen sitzen. Sie betrachten aber auch vieles mit allzu kritischen Augen. Also Kopf hoch!

Im Jahr des Hasen (2011, 2023) erleben manche Ziegen die große Liebe. Sie werden umsorgt und verwöhnt. Das wird für alle ein wunderschönes Jahr ohne Kummer und Herzeleid werden, wenn man auf Kurs bleibt.

Im Jahr des Drachen (2012, 2024) hält die gute Zeit weiter an. Kaum ein Wölkchen wird den Liebeshimmel trüben, wenn die Ziegen den Partner fürs Leben gefunden haben. Auch im Beruf steigt die Erfolgskurve an.

Im Jahr der Schlange (2013, 2025) lässt sich allerlei Nützliches unternehmen. Ziegen werden die gute Zeit aktiv mitmachen und dann einen schönen Batzen Geld mit nach Hause bringen.

Im Jahr des Pferdes (2014, 2026) steuern die Ziegen eine Glücksphase an, die sie nutzen sollten. Vielleicht ist auch im Lottospiel etwas drin. Ganz privat ist alles in Ordnung, wenn die Ziegen fröhlich bleiben.

Im Jahr der Ziege (2015, 2027) erreichen die Ziegen beinahe alles, was sie sich wünschen. Leider kann jedoch gerade sie der Erfolg übermütig machen. Das verführt sie zu unüberlegten Handlungen in der Liebe und im Beruf. In ihrem eigenen Jahr ist also Vorsicht angebracht.

Das Schicksal der Affen

Affen werden, kaum dem Elternhaus entsprungen, manches wagen. Und das könnte Unruhe in ihr drittes oder viertes Lebensjahrzehnt bringen. Sie verderben es sich dann auch manchmal mit einigen ihrer besten Freunde. Wie gut, dass sie sehr einsichtig sind. So kann es kaum zur Katastrophe kommen, selbst wenn sie Gefahr laufen, nach dem fünfzigsten Lebensjahr allein zu sein. Guter Trost für sie: Affen fallen immer wieder auf die Füße!

Im Jahr des Affen (2004, 2016) haben Affen allen Grund, mit sich zufrieden zu sein. Die Daseinsfreude nimmt zu. Man setzt sich beruflich durch. Und auch die Liebessonne wird scheinen – was will man mehr?!

Im Jahr des Hahns (2005, 2017) können Affen noch immer ihr Glück machen, wenn sich auch der Himmel ein wenig einzutrüben scheint. Da scheint es richtig zu sein, wenn sie einiges auf die hohe Kante legen.

Im Jahr des Hundes (2006, 2018) ist der Geldhahn zugedreht. Affen sollten sich nach neuen Möglichkeiten umsehen, um flott zu bleiben. Leider ist es nach der Affen Art, die Sorgen in den Wind zu schreiben.

Im Jahr des Schweines (2007, 2019) gibt sich der Affe optimistischer denn je. Und das hat allen Grund: Man kann sich frei bewegen und wird kaum anecken. Außerdem ist auch durchaus ein Glücksgewinn drin.

Im Jahr der Ratte (2008, 2020) spielen Affen ihre Trümpfe aus. Sie bringen es im Beruf weit. Im Privatleben wird die Liebe Purzelbäume schlagen.

Im Jahr des Büffels (2009, 2021) hält die Hochstimmung an, auch wenn das Geld vielleicht nicht mehr so reichlich fließen wird. Affen machen das Beste daraus, weil sie wohl auf Gespartes zurückgreifen können.

Im Jahr des Tigers (2010, 2022) sollten die Affen alles ruhiger angehen. Und das ist richtig so. Gerade in diesem Tigerjahr sollte man an die Zukunft denken, die doch recht nebulös vor den Affen liegt.

Im Jahr des Hasen (2011, 2023) haben die Affen freie Bahn für viele erfolgreiche Unternehmungen. Liebesbeziehungen lassen sich pflegen. Man denkt an eine feste Bindung. Ob aber etwas daraus wird?

Im Jahr des Drachen (2012, 2024) ist der Leichtsinn der Affen gefragt. Sie können leichter als sonst eingefangen werden, weil sie sich plötzlich häuslich geben. Was dagegen spricht? Sie lieben ihre Freiheit über alles!

Im Jahr der Schlange (2013, 2025) läppert sich einiges zusammen, was den Affen Freude macht. Sie denken an ihre Karriere, werden aber immer wieder auf Liebespfaden abgelenkt. Sie suchen die Gunst der Stunde.

Im Jahr des Pferdes (2014, 2026) werden die Affen Entscheidendes für die Zukunft erreichen. Sie haben auf jeden Fall Erfolg und hangeln sich auf den berühmten grünen Zweig nach oben. Ein gutes Jahr für sie!

Im Jahr der Ziege (2015, 2027) sollten Affen mit ihren Mitmenschen keine übertriebenen Späße treiben. Das könnte sie in diesem ansonsten recht guten Jahr in ein schiefes Licht rücken. Und das wollen sie nicht.

Das Schicksal der Hähne

Einiges macht sich der stolze Hahn im Lauf seines Lebens selber kaputt. Er sollte sich öfter beschränken und nicht immer die erste Geige spielen wollen. Das einzig erfreuliche Fazit aus dem ewigen Auf und Ab seines Schicksals: Durch Erfahrung werden Hähne klug, und so können sie meist im Wohlstand leben und ihren Lebensabend genießen.

Im Jahr des Affen (2004, 2016) löst sich alles wie von selbst. Hähne sehen wieder klar und können sich nicht nur finanziell aufbessern. Leider haben sie aber eine manchmal fatale Neigung zu Kurzschlusshandlungen.

Im Jahr des Hahns (2005, 2017) richtet sich das meiste für die Hähne zum Besten. Sie steuern mit Gewalt von einer Höchstleistung zur anderen. Und im ganz privaten Liebesbereich werden sie glücklich sein.

Im Jahr des Hundes (2006, 2018) scheint es ein wenig zu kriseln. Im Übermut haben Hähne wohl in ihrem Glücksjahr die Finanzen arg strapaziert. Aber sie winden sich aus allem heraus.

Im Jahr des Schweines (2007, 2019) wechseln Hochs und Tiefs, aber Hähne sollten den Kopf nicht hängen lassen. Sie können ja schon den Silberstreif am Horizont aufleuchten sehen. Beruflichen Ärger dürfen sie nicht so ernst nehmen. In der Liebe gibt es viel Abwechslung.

Im Jahr der Ratte (2008, 2020) legen Hähne ihr sauer verdientes Geld besser sicher an. Das ist kein Jahr zum Spekulieren. Zum Trost sei ihnen gesagt, dass es am Ende in allen Bereichen gut ausläuft.

Im Jahr des Büffels (2009, 2021) beginnt alles mit einem Paukenschlag. Auf jeden Fall können die Hähne einmal kräftig durchatmen. Die bisherigen Schwierigkeiten sind wie weggeblasen. Nur Leichtsinn schadet.

Im Jahr des Tigers (2010, 2022) können Hähne bis zum Herbst manchen Vorteil ziehen. Das Glück ist ihnen hold, bis sich Ende des Jahres der Wind zu ihren Ungunsten dreht. Hähne werden in Turbulenzen kommen.

Im Jahr des Hasen (2011, 2023) legt sich der Sturm schon bald. Für die Hähne zeichnet sich Gutes ab. Aber es ist möglich, dass sie der Entwicklung zum Besseren nicht so recht trauen werden. Nur Mut!

Im Jahr des Drachen (2012, 2024) stabilisiert sich die Lage. Hähne haben vor allem Liebesglück, aber auch viele Gewinnchancen. Ihr Konto kann also wachsen, die Arbeitsüberlastung aber auch.

Im Jahr der Schlange (2013, 2025) hält der Trend nach oben an. Hähne können stolz auf das Erreichte sein. Die Zukunft scheint ihnen gesichert zu sein. Sie sollten nur nicht nachlassen in ihren Bemühungen.

Im Jahr des Pferdes (2014, 2026) tragen Hähne ihren Kopf besonders hoch, obwohl weises Ducken für sie oft besser wäre. Sie sollten daran denken, dass in diesem Jahr manches Hindernis überwunden werden muss.

Im Jahr der Ziege (2015, 2027) gerät bei Hähnen einiges in Unordnung. Da sollten sie ruhig Blut bewahren und hart an sich arbeiten, um im Gleichgewicht zu bleiben. Schwierigkeiten sind dann wie weggeblasen.

Das Schicksal der Hunde

Hunde arbeiten tüchtig, aber sie sind oft von der eigenen Leistung nicht so recht überzeugt. Deshalb werden sie schon in der Jugend einige Dämpfer aufgesetzt bekommen. Und das wirkt sich bereits in den folgenden Jahren mehr oder weniger recht negativ aus. Mit viel Optimismus könnten sie mehr erreichen. Sie sollten auf ihre durchaus vorhandene Willenskraft bauen. Nur so geht alles für sie gut.

Im Jahr des Affen (2004, 2016) werden Hunde die Ketten los. Sie gewinnen ihre Freiheit wieder und beginnen viel, erreichen aber weniger, weil sie noch immer zu zaghaft sind. Das wird sich schließlich geben …

Im Jahr des Hahns (2005, 2017) sind alle Schwierigkeiten weggeblasen. Dafür ist aber auch harte Arbeit Trumpf. Wie gut, dass den meisten Hunden ganz privat ein stilles Glück lacht.

Im Jahr des Hundes (2006, 2018) wandelt sich für die Hunde die harte Fron allmählich in klingende Münze. Sie können ihr Haus mit einigem Luxus ausstaffieren und fröhlich die Tage genießen. Was will man mehr?!

Im Jahr des Schweines (2007, 2019) fühlen sich Hunde am wohlsten in der eigenen Familie. Sie können sich in diesem Jahr zum weiteren Lebenskampf rüsten. Und das ist – wie man sehen wird – gut so.

Im Jahr der Ratte (2008, 2020) arbeiten die an sich so fleißigen Hunde ab und zu richtig lustlos. Oft fragen sie nach dem Zweck ihres Bemühens. Und schon sind sie in der Sackgasse. Sie bräuchten mehr Mumm!

Im Jahr des Büffels (2009, 2021) können Hunde, wenn sie nur wollten, ihre ganze Kraft zusammennehmen und allen Gefahren trotzen, die rundum auf sie lauern. Mit etwas mehr Mut werden sie es schaffen.

Im Jahr des Tigers (2010, 2022) wird sich auszahlen, dass die Hunde im Vorjahr mutig allen Widrigkeiten widerstanden. Sie haben freie Bahn im Berufsleben. Und ganz privat können sie das Glück beim Schopf fassen.

Im Jahr des Hasen (2011, 2023) wollen sich Hunde auf ihren Lorbeeren ausruhen und im Glück sonnen. Nebenbei werden sie Erwärmendes fürs Herz finden. Aber sie müssen an kommende Jahre denken.

Im Jahr des Drachen (2012, 2024) sollten die Hunde nicht pessimistisch sein. Das könnte nur Schaden anrichten. Vielleicht schwelgten sie zu lange im selbst verdienten Wohlstand. Harte Arbeit nützt jetzt sehr.

Im Jahr der Schlange (2013, 2025) erhalten die Hunde noch einmal viel Auftrieb. Das macht sie zwar glücklich, aber so ganz trauen sie dem Braten nicht, der sich ihnen in diesem Jahr mit vielen Beilagen anbietet.

Im Jahr des Pferdes (2014, 2026) trauen sich Hunde wieder einmal nicht allzu viel zu. Das färbt auf ihre Leistung ab. Sie scheinen oft zu nichts Lust zu haben. Aber hinter dem Ofen liegend kann man auch nichts schaffen.

Im Jahr der Ziege (2015, 2027) würden Hunde am liebsten davonrennen. Sie möchten sich frei bewegen, können aber fast nichts tun, weil sie möglicherweise angekettet sind. Und das lieben sie nicht. Irgendwann im Laufe des Jahres bäumen sie sich auf. Und dann wird alles wieder gut.

Das Schicksal der Schweine

Schweine ertragen Glück und Unglück mit Gleichmut. Ihr Leben verläuft nach außen hin ruhig und ohne große Spannungen. Dabei können sich gerade im dritten, vierten und sogar noch im fünften Lebensjahrzehnt Rückschläge ergeben. Aber Schweine werden nie lange fackeln und die Schwierigkeiten ohne viel Aufhebens meistern. Im Alter haben diese widerstandsfähigen Typen dann meistens ausgesorgt. So ganz schlecht wird es ihnen eigentlich nie gehen.

Im Jahr des Affen (2004, 2016) können die Schweine beinahe alles tun, was ihnen Freude macht. Aber Vorsicht! Ein solches Jahr lässt eine Menge Speck ansetzen. Joggen oder Wandern sind die besten Mittel dagegen.

Im Jahr des Hahns (2005, 2017) wird einiges vereinnahmt, das die Kasse füllt. Schweine haben in diesem Jahr auch eine glückliche Hand beim Spiel. Trotzdem müssen sie schuften, um auf einem grünen Zweig zu bleiben.

Im Jahr des Hundes (2006, 2018) wächst bei einigen besonders glücklichen Schweinen das Bankkonto weiter. Viele werden sich dann auf die faule Haut legen und das Leben genießen. Anderen geht's nicht so gut.

Im Jahr des Schweines (2007, 2019) steht das Glück im Zenit gerade für die Schweine, die bisher weniger gut abgeschnitten haben. Auch diese kann nichts mehr davon abhalten, die Feste zu feiern, wie sie fallen.

Im Jahr der Ratte (2008, 2020) finden manche Schweine die große Liebe oder können ihre Beziehung absichern. Alle Schweine aber fühlen sich glücklich und machen so nebenbei ein gutes Geschäft nach dem anderen.

Im Jahr des Büffels (2009, 2021) geht eigentlich nichts Rechtes zusammen. Schweine wollen sich verkriechen und von dem zehren, was sie in der vergangenen guten Zeit für sich zurückgelegt haben.

Im Jahr des Tigers (2010, 2022) jagt ein Tief das andere. Aber die Schweine haben die Gabe, stets auf Auswege zu sinnen, und sind schließlich auch mit weniger als bisher glücklich und zufrieden.

Im Jahr des Hasen (2011, 2023) entpuppen sich Schweine als rechte Streithansel. Die Klugen unter ihnen geben lieber nach. Sie wissen, dass sie wegen ihrer sprichwörtlichen Ehrlichkeit den Kürzeren ziehen würden.

Im Jahr des Drachen (2012, 2024) ist noch nicht alles zufrieden stellend gerichtet. Schweine sehnen sich nach dem Kreis ihrer Lieben und merken: Auch Ärger macht dick! Aber sie trösten sich über diese Zeit hinweg.

Im Jahr der Schlange (2013, 2025) lässt nur die Liebe einiges zu wünschen übrig. Wie gut, wenn man dann ein festes Verhältnis hat, auf das man bauen kann. Ansonsten erzielen Schweine manchen Gewinn.

Im Jahr des Pferdes (2014, 2026) befinden sich die Schweine in einer Aufbauphase. Dann können sie mit großem Willen ihre Arbeit verrichten, obwohl sie sonst eher träge sind. Die Liebe kommt bei ihnen nie zu kurz.

Im Jahr der Ziege (2015, 2027) geht einiges Geld ein. Die Schweine müssten sich etwas für nicht so gute Jahre zurücklegen. Sorgen werden verfliegen. Viel Glück in der Familie erleben die, die jetzt Zeit und Muße haben.

Register